これからの病院経営を担う人材

医 療 経 営 士 テ キ ス ト

第2版

事務管理／物品管理

コスト意識を持っているか？

中 級【一般講座】

山本康弘 編著

7

日本医療企画

はじめに

　昨今、病院運営の実践には「マネジメント」の重要性が広く認識されてきたと言える。従来の右肩上がりの診療報酬と薬価差益に甘んじていた古き良き時代は過ぎ去り、今や病院は1つの組織体として責任ある運営を行うことが求められている。病院長をはじめ病院幹部職員の経営意識は高く、病院経営の知識を有する人材を育成することは急務となってきた。

　病院を取り巻く経営環境は不透明であり、質の高い医療を提供し健全な経営を担うためには医療経営分野の専門的知識は必要不可欠である。赤字病院は7割超、特に自治体病院の赤字は9割弱を占める（「令和元年 病院経営実態調査報告」）と報告される環境のなか、病院管理者は安定した財務基盤の確立に努めることが重要である。その一方で、救急医療やへき地医療など政策的に必要な医療が不採算な医療であるとすれば、担うべき必要性ある赤字要因の定量的分析を行い、患者や広く国民に不採算理由を説明できるだけの理論武装が必要となる。あくまで自院のマネジメントが未成熟なため赤字を生み出すのではなく、医療制度や診療報酬体系の歪みの結果が赤字を招くことにつながるという一連の経緯を病院管理者は説明できなければならない。

　病院マネジメントを実践するために期待されているのは病院長のフォロワーとして活躍できる人材である。データ分析力を兼ね備えたマネジメント・スタッフであり、医療医学の知識を習得し、経営学の理論を背景として病院現場に応用できる事務職が望ましい。一般産業界と同様に、総務部門や経理部門など事務業務とは別に、企画立案や経営戦略を掌る部門が必要不可欠と考えられる。しかしながら、病院現場の運営に必要な実践的知識を体系的に学ぶ機会は少なかったことがこれまでの課題とされてきた。

　「医療経営士」テキストの執筆においては、医療と経営の理論的知識をベースとして実践的な教科書として編集することを心がけた。筆者が担当する事務管理および物品管理領域では自身の国立病院および民間病院の実務経験から得られたノウハウを加味しながら、病院組織、人事・労務、財務、医療事務など病院管理部門の業務について概要を記載した。管理会計学の理論的背景と病院実務への応用、統計学的手法を活用した診療統計など病院実務に活用できる具体的な事例解説を設けている。また、医療と経営の融合した部門として診療情報管理部門は病院組織上、重要な位置を占めている。DPC実施病院の施設基準に必要な要件の1つである診療録管理体制については、理論的枠組みだけではなく、病院実務を意識したチェックポイントにも言及している。物品管理領域では、物品の購買管理、在庫管理、ABC分析の概要と実践例などを記載した。病院IT化、医療機器等のメンテナ

ンス、廃棄物処理のあり方に加え、サイバーセキュリティ対策、IoT物品管理や地域医療連携推進法人等を踏まえた共同購入、医療トレーサビリティなど今日的なテーマを含め、病院管理者として把握しておくべき事項を施設・設備管理としてまとめた。さらには、病院業務にも一般的に浸透している業務委託について業者の選定と質の確保など医療サービスに直結する事項について整理した。

　病院マネジメントの実践には、「医療の質」と「経営の質」は車の両輪のごとくバランス良く向上を図ることが求められる。患者本位のよい医療に携わっている多くの医療機関に勤務するマネジメント・スタッフの方々と共に学習し、成長し続けることを願っている。

山本　康弘

目 次
contents

第 2 章 物品管理

第1章

事務管理

① 総論——病院における事務部門の役割

1 病院組織における事務部門の位置づけ

　病院組織における事務部門は、円滑な組織運営管理を行うことが目的とされている。診療部門をサポートする立場の事務部門は、外部環境および内部環境の変化に柔軟に対応しながら業務を遂行することが求められる。

　事務部門は主として管理業務を掌（つかさど）っていると考えられ、（1）人事管理、（2）財務・経営管理、（3）医事業務管理、（4）施設・設備管理、（5）物品管理などがあげられる。これらの管理業務を対象に、病院の規模や運用体制に応じた組織体制および人員配置が行われる。また、部門ごとに業務分掌や権限と責任の範囲を明確にするために成文化された規定の制定と職員への周知が求められる。

　事務部門が所掌する業務上、管理部門としての業務の他に、診療支援部門の役割を担う業務の2つに分類できる。事務部門のうち総務課、経理課など管理部門としての業務は事務職員のみで構成され、一般事務業務として整理できる。これに対し、診療情報管理部門は診療支援部門としての性格を有する業務として位置づけされており、コ・メディカルに準ずる組織的役割を担う部門と考えられる。これらの事務部門の特性を理解したうえで、激動する医療環境に対処していくためには、病院組織体が経営環境に適応するように、常に組織構成の見直しを志向しておくことも重要である。

2 事務部門が所掌する管理業務

　事務部門が所掌する5つの管理業務について説明する。

▌（1）人事管理

　人事管理を行うための体制を整備し、病院運営に必要な人材の確保を行う業務である。特に、医師や看護師等の職員数は診療報酬に関する施設基準要件と密接な関係があることも多く、人事部門と医事部門が常に連携した体制を構築することが望まれる。また、定期的な組織の見直し、委員会組織の構成、職員の教育研修の実施など人的資源の有効活用が重要である。昨今、政府による働き方改革が推進されるなか医療従事者も例外ではなく労

働時間を管理することが求められる時代になってきた。医療従事者自らの意識改革と共に病院管理者においても今後の取り組みが検討課題といえる。

▌(2)財務・経営管理

　病院会計準則等に基づいた正確な会計処理が行われていることが基本的な事項である。また、経営計画や予算計画が立案され、経営分析結果を活用し経営改善へのアクションにつなげていくことが求められる。医療機関の7割が赤字となっている病院経営を運営管理していく事務職は、原価計算手法によるコスト管理を重視して経営戦略の策定は今後さらに重要になると考えられる。

▌(3)医事業務管理

　病院経営は診療報酬による収益の管理が重要である。患者数の確保と適切な病床管理など医事業務は病院運営の主たる業務であり、患者サービス向上を目的としたQC (Quality Control)活動は業務改善の一環としてあげられる。また、施設完結型から地域連携型へと移行されるなかで自施設が地域における果たす役割を理解し、地域医療機関および地域住民へ情報発信を行うことも積極的な取り組みが期待される。

▌(4)施設・設備管理

　診断治療に必要となる医療機器は保守契約などメンテナンス体制が求められる。給水設備や空調設備などの保守管理、酸素や医療ガスなど医療安全に関する組織的な管理の仕組みが求められる。また、業務委託により運営される場合の契約方法、委託業者と連携した運用体制、一般の職員と同様の教育研修など管理事項があげられる。

▌(5)物品管理

　医薬品や医療材料など物品の購入方法および在庫管理は、経営管理や安全管理の観点からも組織的に対応することが重要である。また、災害拠点病院におけるBCP (Business Continuity Plan：事業継続計画)導入が義務化されたことを受け、災害時における物品・物流管理の管理体制を構築しておく必要がある。

3　マネジメント部門としての活躍が期待される事務部門へ

　某病院の院長先生に今後求められる事務部門の人材像をお聞きしたところ、「データ分析力と営業センスのある事務職である」と指摘された。右肩上がりの診療報酬に支えられた時代には経営手腕はそれほど重視されなかったが、時代は移り変わり、現在は病院運営にもマネジメントが必要になってきたことを強調されていた。一般産業界と同様に、人事

部門や経理部門などの事務業務とは別に、企画立案や経営戦略を掌る部門が必要不可欠な時代が到来した。

　データ分析力と営業センスが融合されたアウトプットは2つの方向性が考えられる。まず、組織内部（院内）に対しては、事務職から医師、看護師、コ・メディカルなど医療職への情報発信である。DPC（Diagnosis Procedure Combination：診断群分類包括評価）データによるベンチマーク資料は自院の診療レベルを可視化できるツールとして活用できる。特に、在院日数や診療報酬点数などを比較評価するためには、有意差検定による統計学的手法を用いた分析ができることが望ましい。また、組織外部（院外）への情報発信は患者や地域住民に対する診療データの公開があげられる。クリニカルインディケータ（臨床指標）をはじめとする医療の質に関する指標を情報提供することは有益であると考えられる。

❷ 病院組織と経営管理（１）病院の理念と基本方針

1 病院組織における理念と基本方針

　病院という経営組織体において組織的な診療活動を行うためには、その病院の理念や基本方針が明確に定まっていることが重要である。急性期医療に特化した高度先端的な医療を行うのか、また、亜急性期や回復期さらには慢性期医療や在宅医療を重視するのかなど、多様な病院運営の選択肢のなかから地域に果たす役割を考慮したうえで、自院が望む方向性を決定することが求められる。病院における理念と基本方針が実効性を発揮するためには、次の２点がポイントとしてあげられる。

（1）理念や基本方針の明確化とは

　理念や基本方針の「明確化」とは、何を基準に判断することができるのだろうか。それは、病院の理念や基本方針が「明文化されている」ことがあげられる。理念や基本方針は病院組織における基本的な考え方を示したものであるため容易に変更される事項ではなく、その組織体に浸透しているものと考えられる。そのため、理念や基本方針は口頭通知によるものではなく、明文化（成文化）されたものとして確立されていることが望ましい。

（2）理念や基本方針の理解と周知徹底

　病院組織として理念と基本方針が掲げられ、明文化されていたとしても病院現場で働いている職員が十分に理解していないことは好ましくない。明文化された理念や基本方針は「職員および地域住民が理解し、周知徹底されている」ことが重要である。病院では外来玄関ホールや会議室などに理念や基本方針が掲示されていることも多くなった。また、職員のネームカードの裏面にこれらの文章を印刷しておき、日常的に閲覧できるような工夫をしている事例もある。さらに、院内の定期的な会議のなかで説明する機会を設けることや文書を配付するなども周知徹底するための方策といえる。地域住民へは広報誌やホームページを活用した情報発信を継続して行うことにより、病院の考え方を浸透させていくことも検討することが重要である。

2　バーナードの組織論と病院組織のあり方

(1)組織の定義

　医師、看護師、コ・メディカルなど複数の専門職能がチームを形成し、診療に携わるという病院においては、個々人のスキルが集約された組織力として発揮されることが重要となる。バーナード(Barnard,C.I.：米国の経営学者)は、組織は「2人またはそれ以上の人々の意識的に調整された諸活動または諸力の体系」であると定義している。

(2)組織理論の体系

　また、バーナードは組織の基本要素として次の3つをあげている(図1-1)。第1に「共通目的」である。複数の構成員から成り立つ組織には共通した目的が設定されている。組織構成員が定まった組織のゴールを目指すためには、共通の目的を理解したうえでアクションを起こすことが重要である。第2に「協働意欲」である。組織構成員は自らが属する組織の目的を理解し、この目的を達成するためには協働意欲が不可欠である。相互の連携を図りながら個々人のアクションが一定方向へ集約されることが望ましい。第3に「コミュニケーション」である。組織が同じ目的を目指して活動していくためには、組織構成員相互の意思疎通がなければ成り立たない。

　さらに、組織の活性化を図るためには組織目標を達成すると共に、組織構成員自らの満足度を高めることが重要である。バーナードは組織目標の達成度を「有効性」、個人動機の満足度を「能率」として定義している。

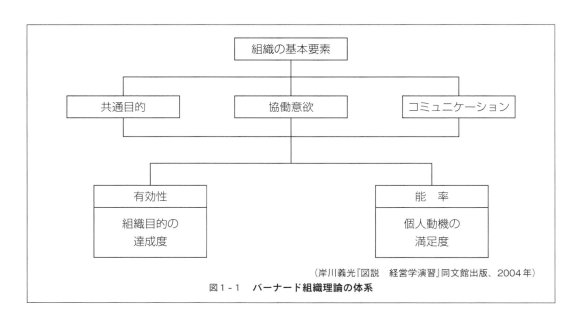

（岸川義光『図説　経営学演習』同文館出版、2004年）

図1-1　バーナード組織理論の体系

■（3）病院組織の特性

　病院組織においては、多くの医療職が専門職として独自のスキルを発揮できる環境を整備しておくことが前提となる。その一方で、医療専門職が1つのチームを形成して患者に対する最善の医療を行っていくことが共通目的であることをチーム・メンバー相互に理解したうえで、それぞれの医療専門職がコミュニケーションを図りながら安全、安心な医療を提供できるように配慮しなければならない。これらのことを要件として円滑な組織運営が行われることを意識しておくことが、病院組織運営における重要な事項である。

3　企画立案型のマネジメントスタッフへ

　病院組織における理念と基本方針が明確化され、組織の定義や基本要素が満足された場合には、人的管理のあり方が課題となる。医療界は法的規制が多く、公定価格とされる診療報酬制度など規制産業ともいわれる外部環境のなかに存在する。その一方で、右肩上がりの診療報酬体系が続いていた時期は、現行制度の枠組みのなかでもっとも望ましい運用を行うことが事務職のスキルとして評価されていた経緯がある。しかしながら、このような受け身のスタイルではなく、DPCの導入に伴い事務部門はマネジメントが重視され、診療部門とのコーディネーターとしての役割を担うようになってきている。事務職は病院の事務業務を遂行するだけではなく、医療の質と経営の質の両者を向上させるための戦略について、積極的に関与できる企画立案型のマネジメントスタッフが求められる時代となってきたといえよう。

③ 病院組織と経営管理(2) 病院管理者のリーダーシップ

1　病院管理者のリーダーシップ

　病院運営は組織活動であるという観点から、病院管理を全般的に掌る病院長のリーダーシップは重要である。病院の理念や基本方針の策定には管理者である病院長が指導力を発揮していることが組織力につながる。事業計画や予算計画の策定、また短期計画や中長期的計画など組織目標を達成するための意思決定がなされていることが求められる。特に、医療の質向上、患者サービス、業務効率化など病院運営を行ううえで発生する諸問題の解決を図り、よりよい改善策を継続していくためには、病院組織のリーダーである病院管理者による指導力、実行力が重要となる。

2　リーダーシップ論と病院組織のあり方

(1)リーダーシップ論からみたマネジメントのあり方

　リーダーシップとは、組織目標の実現のために組織構成員の自発的な協力意思と貢献を導き出す機能であると定義できる。病院組織は多くの専門医療職から構成され、診療業務がもっとも効果的に遂行されていくためには、個人のスキルが発揮できる良好な人間関係など、その病院の状況に適合していることが重要である。したがって、リーダーシップを議論する場合には、自らが属している集団の特性とその組織の状況との関係からもっとも望ましいスタイルを検討することになる。

(2)ハーシーとブランチャードのSL理論

　米国の経営学者のハーシー(Hersey,P.)とブランチャード(Blanchard,K.H.)は組織構成員の成熟度によりリーダーシップのあり方が異なると考え、SL理論(situational leadership theory)を提唱している(図1-2)。SL理論によれば、組織成熟度が低い組織ではタスク志向(目標達成重視)であるのに対し、組織成熟度が高い組織は人間関係志向のスタイルが望ましいとされている。事務部門の業務に当てはめてみると、新採用職員やその部署の業務に対する知識が不十分な職員が多く占めている場合は、課長や係長から具体

的な業務指示を行うというタスク志向重視のスタイルが適している。これに対し、ベテランの事務職員が多く占めている場合は、業務の主旨目的を理解してもらうことが大切であり、業務の実施方法などの細かい指示は控えることを心がけ、スタッフの自主性を尊重するという人間関係志向重視のスタイルで運用することが得策である。このように、組織運営において最適解はただ１つということではなく、その組織の状況に応じた柔軟な運営スタイルを導くことが管理者に求められる。

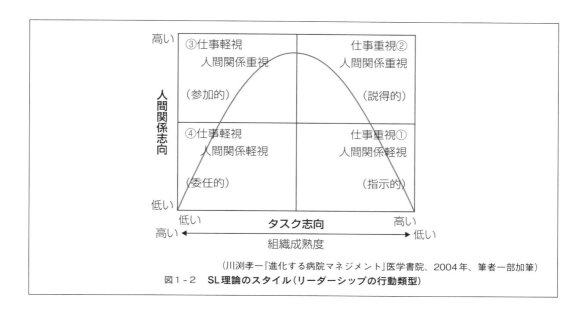

図1-2　SL理論のスタイル（リーダーシップの行動類型）

（川渕孝一『進化する病院マネジメント』医学書院、2004年、筆者一部加筆）

3　事務職として求められるフォローワーの位置づけ

（1）マネジメント・レベル別の職能内容

　組織階層に応じて、①トップ・マネジメント、②ミドル・マネジメント、③ロワー・マネジメントなど３階層に分類されることが一般的である（図1-3）。

①トップ・マネジメント

　病院管理者のリーダーシップのあり方はトップ・マネジメントとして位置づけされ、病院長のほか副院長、事務部長、看護部長など経営管理者層を指している。組織運営における意思決定のためには大局的な観点から戦略立案を行うことになる。

②ミドル・マネジメント

　次に、中間管理層としてのミドル・マネジメントである。このミドル層は実務を担うリーダーであり組織の中核を支える重要な階層と考えられる。しかしながら、一般に事務管理部門では十分に機能していない現状がみられ、人材育成やリスクマネジメントの観点から

課題もあげられる。

③ロワー・マネジメント

　さらに、現場管理者の立場からロワー・マネジメントが存在する。係長や主任クラスが該当し、患者窓口業務や算定業務など日次業務をはじめとするルーチンワークの管理が対象となる。これらの階層別のマネジメントのあり方は、病院の規模、組織構成および管理監督者の配置などに影響を受けることから、管理者の所掌業務、権限と責任などを考慮したうえで組織的に対応することが望まれる。

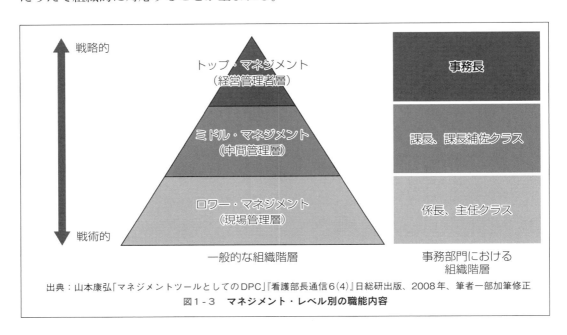

出典：山本康弘「マネジメントツールとしてのDPC」『看護部長通信6（4）』日総研出版、2008年、筆者一部加筆修正
図1-3　マネジメント・レベル別の職能内容

▌(2)病院組織に必要となる事務職のリーダーシップ

　病院管理者がリーダーシップを発揮し、組織構成員が自らの役割を理解し、実践していくなど、活性化する組織の実現のためには何が必要なのであろうか。管理者として院長1人に病院運営を任せるのではなく、フォロワーが重要であると考えられる。特に、病院組織においては院長、副院長は医師であり、外来患者や入院患者に係る診療業務に従事していることも多い。ベテラン臨床医として若い研修医に対する指導や医学研究に費やす時間も必要となる。さらには、DPC制度をはじめとする診療報酬制度や施設基準など医事業務や財務的知識も求められる。

　このような環境のなか、事務職員がトップ・マネジメントのフォロワーとして実践することは組織運営の観点からも重要である。DPC対象病院では医療とマネジメントの両者の知識を有する事務職員がルーチン作業に携わるだけでなく、病院幹部を支える立場として病院運営に積極的に関わることが求められる。

病院組織と経営管理（３）病院組織の運営

1 組織の基本形態

　組織の基本形態として、（１）ライン組織、（２）ファンクショナル組織、（３）ライン・アンド・スタッフ組織がある。

（1）ライン組織

　ライン組織は軍隊組織ともいわれており、指示・命令系統が直線的につながったシンプルでわかりやすい組織である。トップ・マネジメント層（病院長）から最下位層（一般医療職や事務職員）まで指示命令系統が１つのラインで結ばれる組織であり、指示・命令が伝わりやすく、権限・責任関係が明確であるという長所がある。一方で、組織が大きくなると管理者の負担が増大することや専門家が養成されにくいという短所がある。

（2）ファンクショナル組織

　ファンクショナル（機能重視型）組織とは、診療部門、看護部門、中央診療部門、事務部門などの職能別に、トップ・マネジメント層が下位層に指示・命令しながら職務を遂行する組織形態である。ファンクショナル組織は管理者が専門領域の業務に特化できるため、その領域の情報、技術、知識等を容易に学習できる。また、専門的知識が深められるためスペシャリストとしての養成がしやすいという長所があるが、総合的に判断できる管理者を養成できないという短所もある。

（3）ライン・アンド・スタッフ組織

　これらの２つの組織の長所を融合した組織形態としてライン・アンド・スタッフ組織があげられる。「命令一元化の原則」に従ったライン組織と、「専門家の原則」に従ったスタッフ組織を同時に配置したものである。命令の統一性を保ちつつ専門性も活かせるという長所がある一方で、ラインとスタッフの命令が交錯し権限・責任関係が不明確になるという短所がある（図１-４）。

　病院の組織はライン・アンド・スタッフ組織を基本として構成されていることが多い。複数の専門職種により構成される病院では、基幹的執行業務を担当するライン部門とライ

ン業務支援を行うことや専門的な業務を担当するスタッフ部門により運営されている。組織運営の留意点として命令系統の混乱を生じさせないようにすることである。ライン部門の命令は一元化しており、スタッフ部門はラインへの命令権限を持たないとともに、スタッフ部門はトップへの助言を通じて組織全体への命令権限的影響を行使することになる。

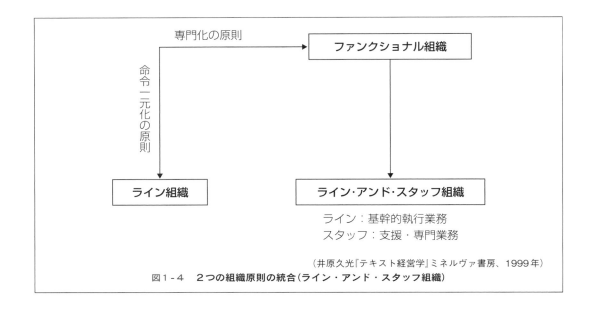

（井原久光『テキスト経営学』ミネルヴァ書房、1999年）

図1-4　2つの組織原則の統合（ライン・アンド・スタッフ組織）

2　病院における組織図の役割

　経営組織体である病院にとって組織図が重要であることはいうまでもないが、なぜ重要なのか、どのように役立てるのかは明確に説明できないことも多い。筆者は学生の病院見学や病院実習など研修に行く場合には、事前学習の1つとして組織図を理解しておくことの重要性をあげている。1枚の組織図からどのようなことが理解できるのか。また、実習病院への訪問時に何を確認してくるべきなのかなど、学生による意見交換を通じて学習を深めていくことができる。

(1)病院の組織図

　病院を構成する部門は、診療部門、看護部門、中央診療部門、事務部門などが代表的である（図1-5）。診療部門には内科、外科、整形外科など診療科ごとに部門配置がされている。大学病院では循環器センターや糖尿病センターなど関連のある診療科を包括したセンター方式が採用されているところもある。看護部門には病棟、外来、看護管理室などがある。中央診療部門は手術部、薬剤部、放射線診療部、中央検査部などコメディカルが関与する部門が多く、広く診療支援に関わっている。

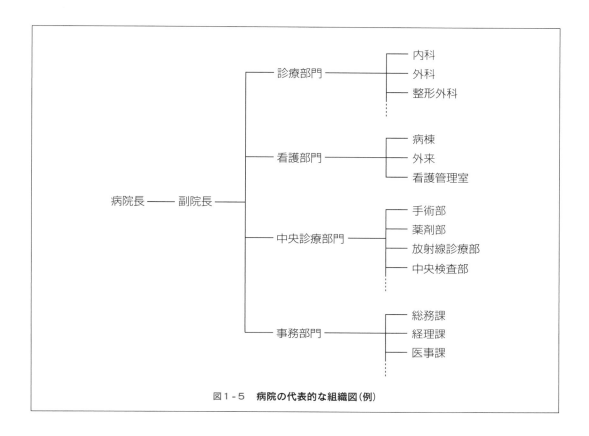

図1-5　病院の代表的な組織図（例）

　また、病院規模や部門業務の複雑性に応じて各部門の設置状況が把握できる。事務部門は総務課、経理課、医事課などが配置され、管理部門と称されている。医療安全管理部門や診療情報管理部門は病院長または副院長の直轄として組織化されていることも多く、これら組織における目的と役割、さらには権限と責任の関係から病院の特性に応じた部門の位置づけがされている。

▎（2）部門設定とラインの関係

　組織図を見ることにより、組織全体の規模と各部門の設置状況がわかる。第１に診療部門は、診療科はいくつあるのか、標榜診療科と運用上の名称は異なるのか、救急部門など診療科区分になじまない領域はどのように位置づけされているのかなど、病院の特性を理解することができる。第２に、医療安全管理部門や診療情報管理部門などの部門は、診療科や職種などに関わらず全病院的に必要な部門として組織横断的に設けられているのか。また、病院長または副院長の直属組織として設置されている部門なのかなど、ライン組織のあり方を見ることができる。

▌(3)沿革と組織図の関係

　組織図には作成年月日が記載されているが、最終更新年月日から現在までどの程度の期間が経過しているか考えてみたことがあるだろうか。パンフレットやホームページには沿革が示され、病院の活動成果が時系列に閲覧できるように整理されている。そのなかには新規の施設基準を取得したケース、新しい部門や委員会の設置など様々な活動を伴い病院運営を行っている様子がわかる。病院組織の変革を伴い活動しているとなれば組織図もその内容に準じて更新されていることになる。例えば、医療安全対策加算という施設基準を取得した場合は、組織図に医療安全管理部門が設置されていると考えられ、院内規程の整備とともに組織図に書き加えられる。組織図のどの位置に書き加えられたかを見ることにより、組織における権限と責任との関係を読み取ることができる。このように組織図は設定された部門名称がわかるだけではなく、部門に付与された目的と業務範囲、さらには権限と責任を包括した管理帳票の1つなのである。

▌(4)チーム医療における病院組織のあり方

　チーム医療とは「単に専門の異なる複数の職種の者が1人の患者に対して仕事をすることだけでなく、専門的な知識や技術を有する複数の医療者同士が対等な立場にあるという認識を持ったうえで実践される協働的な行為」と定義される。診療に携わる全ての医療専門職はチーム・メンバーとしてフラットな関係を構築し、各専門職の立場から意見や提案を言いやすいワークショップ型になっているといえる。対象とする患者の疾患や病態によりチーム構成を柔軟に変化させながら、患者および医療専門職間の情報共有とともに必要に応じた権限移譲と役割分担を実現するなど新たな病院組織のあり方として注目されている。

3 　委員会制度

　病院においては部門組織とは別に委員会制度が構成されている。委員会制度は職能部門別のヨコの広がりとなった組織の調整役としての機能と、業務遂行を支援するスタッフ的役割としての機能がある。実務上はこれらの2つの機能が融合されたものとして委員会が運営されている。

　委員会は、目的、構成、運営、審議事項などの項目を明記した規定が作成され、組織のなかで位置づけされる。委員会は定期的な開催を原則として、必要に応じた臨時の開催も規定に盛り込むことが望ましい。また、会議終了後に議事録として整理された内容は院内決裁を受けることになる。委員会の事務局は、事前に議事概要の把握や説明資料の準備など業務を担当する。委員会が活性化するためには、事務局の役割は大きな影響を及ぼすため、会議開催前の十分な事前調整と構成員の意識づけが重要である。

⑤ 人事・労務管理(1) 人事管理と労働環境の整備

1 人事管理の体制整備

　病院運営において人事管理は基本的かつ重要な事項である。医療サービス事業は労働集約型の事業と考えられ、病院組織では人材は「人財」と表現されることもあるくらい重視され、「ヒト」の管理は1990年代以降、人的資源管理(HRM：Human Resource Management)と称されるようになった。また、必要人員を確保することは安定した診療業務を遂行するだけではなく、施設基準要件の確保や職務満足度の観点からも考慮しておく必要がある。

(1)医事課との連携による施設基準要件の確認

　病院の収益は診療報酬として賄われており、その前提となるのが各種の施設基準を取得していることがあげられる。施設基準ではその項目により異なるが、医師数や看護師数は必要となる人員数を定めているケースがみられる。人事担当者が実務を行ううえで特に留意しておくことは看護師数の把握である。一般に、看護師は病棟ごと(看護単位ごと)に把握されており、採用や退職による看護師数の増減は事務部人事課等で把握が可能であるが、有給休暇、病気休暇などの取得による看護師数の一時的な変動、または、病棟で勤務する看護師に対する夜勤回数などの把握は事務部門だけでは難しいため、病棟看護師長または看護部長室と連携しておくことが必要である。

　以上のように必要人員が確保されていることを確認するためには、人事部門・医事部門・看護部門の三者が連携したうえで定期的に確認する院内ルールを決めておくことが望まれる。

(2)規則の周知徹底

　人事管理の基本は、就業規則や給与規程が明確に定められ、職員に周知されていることである。公務員の身分を有する職員で構成される病院では、国家公務員法、地方公務員法、人事院規則など関係法令がある。また、医師、看護師、コ・メディカルには各身分法が制定されており、様々な法令に準じた管理が求められる。昨今、派遣労働者や委託契約による職員など同じ部署のなかでも異なる雇用契約によるスタッフと一緒になって業務遂行することも多くみられる。人事管理に携わる事務職は、これらの法令と日常業務との関係を

理解したうえで、根拠に基づいた運営管理ができるよう意識しなければならない。さらに、職員へは各職場への通知、会議における伝達など広く職員へ周知できる体制が必要である。

2　人事考課

　職員の人事考課は明確かつ合理的な基準により行われることが重要である。人事考課の基準は職員に公表され、理解され、納得される評価であることが望ましい。昇進、昇格などには人事考課が反映される仕組みとともに、考課者に対する教育研修も必要となる。

　人事考課の1つとして目標管理制度があげられる。目標管理制度は年度開始時に自己目標を掲げておき、その目標に対する達成度を年度終了時に確認するものである。自身が行った1年間の業務を見直す(振り返り)ことが可能となり、自己成長と組織への貢献度などから自己点検できるメリットがある。また、上位者が評価を行うことで活用することも行われ、管理者としての教育研修としても効果的に活用することができる。

3　職員の労働安全衛生

▎(1)定期健診

　患者の命と健康を預かる医療者は自らの健康管理を行わなくてはならない。職員の定期健康診断はその第一歩となるものであり、全職員が定期的に行っていることは職員台帳等で記録しておく。また、職員の針刺し事故などが発生した場合は、院内に設置された感染防止対策委員会でマニュアルに沿った適切な対応が求められる。職員の事故防止に努めるよう研修会の実施とともに、仮に事故が発生した場合には医療事故対策委員会など委員会での対応と事故者へのサポート体制も整備しておく必要がある。

▎(2)職務満足度

　病院の顧客である患者に対する満足度(患者満足度)と同様に、職員に対する満足度(職務満足度)があげられる。職場環境の整備としては福利厚生に関する活動が行われ、職員相互のコミュニケーションを円滑にすることを心がけることが重要である。働きやすい職場環境への配慮としては、病院の規模に応じた食堂、休憩室、更衣室などの設置があげられる。また、職員の離職は貴重な人的資源を失うことにつながるため、離職防止に対する対策の検討も必要である。特に、看護職員の離職は病棟での勤務配置や患者への影響も考えられる。

4 医師の働き方改革における議論の流れと取組みの状況

　厚生労働省は医師の診療業務の特殊性を理解したうえで、わが国の医療は医師の自己犠牲的な長時間労働により支えられており危機的な状況であるとの認識に立ち、医師の働き方改革検討会において、医師の時間外労働規制の具体的な在り方、労働時間の短縮策等についてとりまとめを行った。医師の労働時間管理の適正化が必要であると位置づけ、労働時間短縮のためにチーム医療の推進やICTの活用などマネジメント改革の重要性、地域医療提供体制における機能分化・連携や医師偏在対策の推進などがあげられた。

　また、時間外労働の上限水準として、脳・心臓疾患の労災認定基準を考慮した(A)水準、地域医療確保暫定特例水準(B)水準、集中的技能向上水準(C-1、C-2)がそれぞれ設定された。病院管理者は自施設における勤務実態を把握したうえで具体的な対応が求められているが、応召義務との関係、宿日直許可基準と宿日直業務の労働時間の取り扱いなど幾つかの課題も指摘されている。

　「医師の労働時間短縮に向けた緊急的な取組」として取りまとめられた6項目のうち「36協定の自己点検」の実施(63.4%)が最も高い。医師など医療従事者が36協定で定める時間外労働時間数について自己点検を行い、必要に応じて見直すものである。次に、医師の在院時間についてはタイムカード等が導入されていない場合においても出退勤時間の記録を行い、客観的な把握を目的とした「医師の労働時間管理の適正化に向けた取組」は54.0%が実施されている。その一方で、「タスク・シフティング(業務の移管)の推進」46.9%、「女性医師等に対する支援」43.5%、「既存の産業保健の仕組みの活用」41.5%など過半数には至っていない状況もある。さらに、勤務時間外に緊急でない患者の病状説明を行わないこと、当直明けの勤務負担の緩和、勤務時間インターバルの設定など、「医療機関の状況に応じた医師の労働時間短縮に向けた取組み」は28.2%に留まっている。病院管理者が積極的にこれらの取組みを検討・導入するうえでは、改めて限られた人的資源と厳しい経営環境における病院運営の実態が浮き彫りになっているといえよう。

6 人事・労務管理(2)　組織活性化につながる教育研修

1　病院職員の教育研修

(1)全職員を対象にした教育研修

　病院職員は医師、看護師、コ・メディカル、事務職員など多数の専門職から構成される。特に、国家資格を有する医療職が多く、高い専門性と医療技術が求められる。そのため、職能別の研修の機会は多く、自主的に参加している状況が一般的であるが、それらの職能別研修会とは別に、全職員を対象にした院内での研修も重要な位置づけがされている。病院管理者は、医療の安全管理、患者のプライバシー、医療の倫理、情報管理、接遇など医療に携わる職員として基本的事項となるテーマを選び、年間の教育研修計画として企画立案することが必要である。

(2)教育研修に携わる部門および担当者の設置

　全職員を対象とした教育研修計画を企画立案するためには、教員研修に携わる担当部門を位置づけ、専任となる担当者を設置することが望ましい。多くの職員に参加意識を促すためにはニーズを把握しプライオリティ(優先順位)の高い教育研修プログラムの策定を行うことがポイントである。また、研修後は受講者アンケート等の分析を行い、研修の効果を測定し、病院全体へフィードバックできる体制が重要である。

2　事務職員の教育研修

(1)階層別研修

　階層別研修は、新採用者研修会、新任係長研修会および新任課長研修会など、採用や昇格昇任時に行われる研修会が代表的である。上位の職位を得て新たな部署に配属されることを機会に、職位に与えられた所掌業務を理解することが目的とされている。職位に応じた管理者としての意識づけ、業務遂行における権限と責任など人材育成の観点からも階層別研修は効果的である。

■（2）研究的要素を取り入れた研修計画

前述した職制による研修会とは異なり、自己研鑽の意味合いから研修を受ける機会がある。一般に学会や職能団体による研修会に継続して参加することで自身のスキルアップを図ることが目的となっている。病院職員のうち医師や看護師、コ・メディカルなど医療職は学会や職能団体なども多いため様々な研修会に参加することも容易に行われているが、事務職は同様の団体が少ないことが課題となっている。夜間、休日を利用しての大学院や通信教育、インターネットによる教育システムの活用を積極的に取り入れることが望ましいと考えられる。

さらに、事務職においても医療経営、病院運営、医療情報などの分野から学会や研究会に所属し、研究的要素を取り入れた業務改善活動を行うことは自己研鑽とともに、病院組織の活性化につながるものである。これからは医療職と同様に、事務職も研究的要素を加味した学習を行うことが求められるのではないだろうか。

3　事務職員ミドル層を対象にした教育研修

■（1）事務職員ミドル層を対象にした研修会の位置づけ

法人組織における望ましい事務職員像を描きながら、実務の中核的役割を果たしている中間管理職（ミドル層）に対する教育研修に特化することを通じて、活性化する組織体制の構築を目的としている。ミドル層の意識改革を図ることにより、将来的な管理職を担う職能としてのスキルアップと若年層に対する業務改善の意識づけを目指す。

また、ミドル層が近い将来に幹部職員として組織運営を担える人材として必要なスキルとして、①経営管理に関する理論の学習、②実践的なツールの活用技法の習得、③ディスカッションおよびプレゼンテーション技術などがある。さらに、組織におけるリーダーとしての認識も求められる。これらの目的を達成するためアクションプランとして、SWOT分析[*1]やBSC（バランスト・スコアカード）[*2]の作成を教材として選定した。経営の理論やツールを学習するとともに、事務職員自身が手を動かしながら見える形で成果を示すことがポイントである。

[*1]：1960年代に米国で開発された経営戦略・ビジョンを企画立案するため手法の1つ。その組織の現状分析をする際に、4象限のマトリクスにSWOT（Strength〈強み〉、Weakness〈弱み〉、Opportunity〈機会〉、Threat〈脅威〉）を配置し、運営上のさまざまな要素を図中に分類し問題点を整理する。問題点の整理と組織における意思統一に有効とされている。
[*2]：1990年代に米国で開発された業績評価システムの1つ。経営戦略・ビジョンを4つの視点（財務・顧客・業務プロセス・学習と成長）で分類し、日常業務の具体策へ落とし込み、評価していく。

▌(2)SWOT分析とBSCなど経営管理の理論と手法の学習

　ミドル層研修会の具体的な事例を示す。ミドル層を対象にした研修会は経営管理の理論と手法の学習を目的に掲げ、講義とグループワークによる演習を行うことが効果的である。

　まず、経営戦略の代表的な理論であるSWOT分析を学ぶことにより外部環境および内部環境を分析した後、組織の強みと弱みを理解する。図1-6および図1-7はグループワークとして演習で用いるワークシートである。グループワークでは、図1-6を用いて内部環境(強み、弱み)、外部環境(機会、脅威)など4項目の要因について個々に記載し、グループ内で意見交換を行う。これらの要因がグループ内でおおむね合意された後、図1-7のSWOTマトリックスを作成することにより、円滑なグループワークが実践できる。

　次に、SWOT分析を基礎資料として自院の事務管理部門におけるBSCを作成する。今後の経営戦略を立案するという課題に沿って、グループディスカッションの成果は戦略マップを作成するところまでを目標としている。グループごとの発表を行い、質疑応答の時間を設けて、受講者全員との意見交換を図ることにより、他のグループで議論された多くの考え方を吸収することができる。あくまでBSCは戦略ツールであるため、作成することのみが目的ではなく、BSCを活用して経営改善や人材育成などを通じて組織力向上

事務職員研修会「グループワーク」

SWOT分析で考慮すべき事項　　　　　　　　　　　　　　　　　　　　（　　　　班）

議長		参加者	
書記			
発表者			

内部環境	
強　　み	弱　　み

外部環境	
機　　会	脅　　威

図1-6　グループワーク時のワークシート①

を目指すものである。経営戦略に関する理論と演習に関するこれらの研修会は応用範囲も広く、有益であると考えている。

事務職員研修会「グループワーク」

SWOT マトリックス （　　　班）

議長		参加者	
書記			
発表者			

区分		外部環境	
		機会	脅威
内部環境	強み		
	弱み		

図1-7　グループワーク時のワークシート②

７　財務・経営管理(1) 病院会計と経営計画

１　会計窓口による収納業務

　病院事務職員の日次業務として、外来患者に関わる診療費の一部負担金の窓口収納業務がある。外来患者の当日分の診療費を計算し、保険区分等に応じた患者一部負担金を会計担当者が収納するものである。最近では一部の病院において窓口収納業務は「現金精算機」という専用の機器を導入し、人手を介さずに自動化されている例も見られる。

(1)窓口収納業務に関する体制整備

　窓口収納業務は患者一部負担金の請求とその受領という現金を取り扱う業務である。多忙な労働環境においては、複数の職員が携わる窓口収納業務は取り扱いルールや担当者が曖昧になりがちである。担当者の所掌業務や責任範囲を明確にするとともに、責任者の位置づけを行うなど一連の収納業務に対する運用規程を整備することが重要である。現金に関する事故防止の観点からは、運用規程およびマニュアルを整備したうえで担当者の業務内容を明確にし、担当者間相互の確認と責任者による管理など事故防止のための体制整備が必要である。

(2)窓口収納業務に関する適正な執行

　運用規程が整備され、窓口収納業務の担当者と責任者の所掌業務が明確になった体制のもと適正な執行を行うことになる。運用規程やマニュアルにより現金の取扱手順に沿った執行状況が記録として残され、後日に確認することが可能となる帳票管理が求められる。仮に、現金の違算などの事故が発生した場合は、すみやかに事故発生に関する一連の経緯を明らかにすることで原因分析と再発防止に向けた対策を行うことが重要である。事故報告書は経緯、原因、今後の対策などを記載した文書を作成し、院内規程に基づき決裁を受けておく。また、事故にまで至らなかったケースはヒヤリハットとして報告する体制を構築する。日次業務においては、日報による現金管理を行うなかで医事課と経理課との円滑な連携が求められる。

2 未収金管理

(1)未収金の現状と対策

　厚生労働省の委託調査によれば、2018（平成30）年10月単月（回答医療機関数888施設）における医療機関の平均未収金額は12,850千円、未収金に対応する平均患者数は225名になっている。また、収入に対する未収金の割合は、「0％～5％未満」が全体の8割を占めている。未収金の金額が最も多い疾患等（傷病名等）は「その他」が4割を占めているが、次いで「中枢神経系疾患（脳血管障害）」19.1％、「外傷」15.0％など高値となった。

　未収金の対策は、未収金管理マニュアルを「整備している」「整備する予定がある」を合わせて81.2％が実施していることがわかる。また、支払方法の多様化や窓口の充実した対応として「クレジットカード・デビットカード」60.1％、「自動精算機」25.2％、「24時間対応窓口」24.1％など環境整備の観点があげられる。

　医療機関460施設のうち、2018年4月以降の訪日外国人における医療費の未収金は「あり」は27.0％を占める。2018年10月単月（回答医療機関数141施設）において平均未収金額は428.1千円、対応する平均患者数は5.3名になっている。外国人患者とのコミュニケーション手段である医療通訳は、「タブレットのアプリ等での機械翻訳を使用した通訳」が未収金あり病院37.1％、未収金なし病院38.7％となり、未収金の発生状況に関わらず4割程度の医療機関が導入している。また、訪日外国人向けのマニュアルの設置は未収金あり病院7.3％、未収金なし病院5.1％など医療機関の1割程度の低値に留まり、十分な整備が進んでいない現状が伺える。

(2)未収金の管理方法

　窓口収納業務による当日の入金状況は、医事課により作成される日計表（日報）は経理課に伝達される。第1の留意事項は、日計表に記載される多様な運用形態に応じた帳票整理である。具体的には、収納した現金、クレジットやデビットカードによる入金、銀行振込、預り金の精算、分割による一部入金、未収金の回収などがあげられる。これらの事項を帳票に記載し、医事課担当者から経理課担当者へ申し送られることになる。第2の留意事項は、病院に導入されている医事システムと運用方法との調和である。未収金情報は医事システム（病院情報システムなど）の一部として患者単位ごとに管理されている。前述のような多様な入出金を管理しなければならないが、医事システムとしてどの程度まで対応できているだろうか。一般には診療行為の算定に伴う患者一部負担金が発生額として登録され、未収金が発生した場合には積算されていく。後日、弁済があった場合には入金登録することにより医事システムに反映されることになる。一部弁済時の取り扱い、現金以外方法による入金の取り扱いなど実務ベースからみた医事システムとの調和を図ることも考慮して

おくべき事項である。

■（3）未収金の対策

　未収金の対策は患者が受診したタイミングにより、①新たな未収金を発生させない事前の仕組み、②患者が受診した際に未収金を発生させないための仕組み、③未収金を回収するための仕組みの3種類があげられる（図1-8）。

　第1に、新たな未収金を発生させない仕組み「未然対策」は標準化した業務の確立とマニュアルの整備が重要である。窓口対応は様々なケースが存在するため、あらかじめ想定される事項を取り纏め、業務フローを作成のうえ病院職員が周知しておく。昨今は現金による支払いを避けクレジットカード等によるキャッシュレスも浸透しつつあることからカード払いの運用方法にも対応できるような環境整備が望まれる。

　第2の「水際対策」は、患者受診時に発生した一部負担金を最大限窓口収納につなげることである。月初の受診時は保険証の窓口確認を徹底することが前提になる。未収金を有する患者が次回来院時に判別できるよう医事システム等にてフラグを立てておくなど、継続した受診時に前回未収金の精算とともに新たな受診に伴う追加的な未納金を発生させないルール作りが求められる。また、入院診療費など高額になる場合は事前の概算通知や分割方法の事前相談など病棟看護師との連携により未収金を未然に防ぐことが効果的である。

　第3は、やむを得ず未収金が発生した場合の「発生後対策」である。督促方法は、できるだけ早期からの未収金回収を行うことを念頭に、①電話など口頭による督促、②郵便など

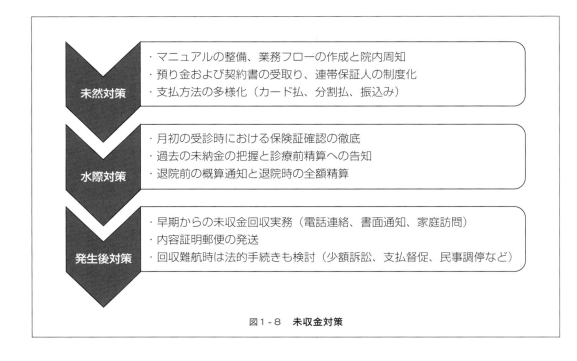

図1-8　未収金対策

❿ 医療事務管理（２）在院日数の管理方法

医療事務管理に携わる病院実務においては、病院運営に有益な診療統計を作成することは重要である。医事部門は病院運営の中核的役割を担い、医師や看護師等が活動する診療現場の実態を把握することが可能なポジションである。診療統計の作成および活用は財務的要素を主とした管理者側の視点だけではなく、診療活動を客観的指標に落とし込む医療者側の視点が求められる。医事部門として診療統計を作成し、会議資料として活用することは必要であるが、「医事課による医事課のデータ」になっていないだろうか。医療者側の視点を損なうことなく、診療活動が管理帳票に表されるような資料の作成を行うことが望まれる。ここでは在院日数に関する管理方法について紹介する。

1 平均在院日数

入院患者の入院から退院までの在院期間を示す平均的な数値である。平均在院日数は病床運営の効率性を表す指標とされ、経営管理指標として用いられる重要な指標の１つである。一般に医事業務において基本的指標となる平均在院日数は、病床利用率と連携した管理が行われている。平均在院日数は次の算出式（１）により求められる。

$$平均在院日数 = \frac{入院患者延数}{（新入院患者数＋退院患者数）} \times \frac{1}{2}$$

診療報酬上の施設基準要件として求められる平均在院日数は病院経営の観点から重要な位置づけとなる。病‐診連携の促進やクリティカルパスの導入など在院日数の短縮化を意識した病棟運営を行うことが求められる。また、平均在院日数はＤＰＣ制度において効率性評価のための指標と位置づけられている。病院の規模や機能に応じた適正な在院日数を設定し、医療の質の確保と安定した経営を考慮していく姿勢が必要となる。

ここでの平均在院日数は病棟を１つの単位として病床の利用状況を概括的に捉えている指標とされている。算出式（１）に示すように、病棟に入退院する患者数により平均在院日数の数値が変化するという性格を有しており、病棟全体という大局的な観点からみた管理手法といえる。

2　退院患者平均在院日数

　これに対し、病棟看護師が実務的に意識する在院日数とは患者1人ひとりが入院に要した実日数を意味する。医事課が作成する平均在院日数とは異なる意識があるのではないだろうか。患者単位により入院した日数を示した指標として退院患者平均在院日数がある。退院患者平均在院日数は次の算出式（2）により求められる。

$$退院患者平均在院日数＝\frac{退院患者延入院日数}{退院患者数}$$

　このように退院患者ごとの入院日数の合計を退院患者数で除することで求められ、退院患者の入院実日数の平均値といえる。図1 -13に示すように、平均在院日数と退院患者平均在院日数は数値が一致するとは限らない。A病棟の4月は平均在院日数20.9日に対し、退院患者平均在院日数は15.4日となり、5.5日の差が見られた。入院受付の医事課職員がA病棟に入院する患者への案内としては、「この病棟の平均的な入院期間は15日程度です」と説明することは合理的であろう。このように退院患者平均在院日数は退院患者から入院日数の平均値を求めたものであるため、DPC対象病院におけるDPC診断群分類別（疾病別）の管理帳票には、この数値を利用していることが多い。筆者は、平均在院日数という表現に複数の定義が混在していることが要因となり、医療現場で誤解が生じることを避けるため、一般に医事課が作成している平均在院日数に対し、退院患者平均在院日数を「平均入院日数」と呼称していたことがある。前者がマクロ的分析とすれば、後者はミクロ的分析と考えられ、併用した管理手法が望ましいといえる。

区分	4月	5月	6月
新入院患者数	69	56	71
退院患者数	48	44	50
在院患者延数	1,220	1,210	1,280
平均在院日数(a)	20.9	24.2	21.2
退院患者平均在院日数(b)	15.4	20.4	14.4
差　(b−a)	△5.5	△3.8	△6.8

図1 -13　A病棟における平均在院日数と退院患者平均在院日数

3 全患者を対象にした入院期間別患者数調査 （入院日数の一時点調査）

　在院日数を管理するということは円滑なベッド・コントロールを行うことを意味する。医療者の視点から患者1人ひとりの入院日数を把握していると考えられる退院患者平均在院日数は有効な指標であるが、あくまで患者が退院した時点を起算してカウントされることになる。したがって、一定期間以上入院している患者（長期入院傾向の患者）は、これらの数値には反映されないことになり、管理帳票としては不十分であるといえる。特定の患者の入院日数が長期化している状況を把握する方法として、「入院期間別患者数調査」がある。この指標は、ある一時点における入院患者全員を対象に入院日から調査日までの入院期間をカウントするものである。一般的には、月末午後12時（月初午前0時）現在を基準値として調査を行っている。図1-14は、6月30日午後12時現在の全入院患者を対象とした入院期間を調査した。グラフに示すとおり、90日以上の長期入院患者が3名存在していることがわかる。医事課としては、これらの患者は入院中のため平均在院日数の数値には表れていないことを念頭におき、管理帳票を吟味することも必要である。このように、入院患者ごとに入院日からの調査日までの歴日数をカウントすることにより、長期入院傾

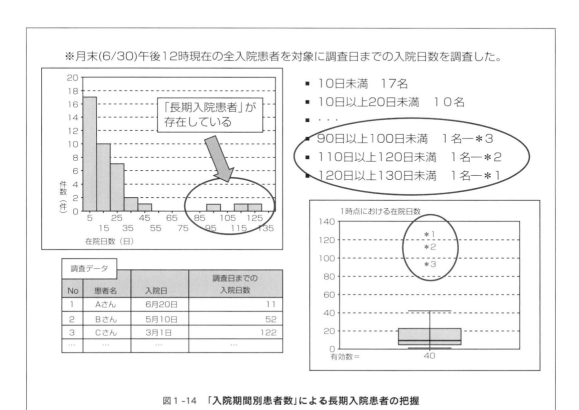

図1-14　「入院期間別患者数」による長期入院患者の把握

向を示す患者の把握が可能となる。

　平均在院日数に関する3つの統計資料について説明した。第1に、「平均在院日数」は診療報酬における基本要件とされる数値であり、一般に医事課により作成され、院内会議の資料に活用されている。第2に、「退院患者平均在院日数」は1患者1入院単位の在院日数を示している。DPC導入により患者単位の管理指標として取り扱われることが多くなった。第3に、「入院期間別患者数」は長期入院患者の実態把握を目的として作成される。基準日を設定して全入院患者の歴日数をカウントするものである。以上のように、診療プロセスを理解し、医療スタッフの視点から統計を活用することが、よりよいマネジメントを実現することにつながると考えられる。

医療事務管理（3）箱ひげ図を活用した診療統計

1 統計学的手法を活用した診療統計の重要性

　会議資料では「平均値」という数値がよく使われている。外来の待ち時間調査の結果から得られる平均待ち時間、白内障で入院する患者の平均入院日数など平均値は集団の代表的な値として捉えられているといえる。患者から「外来の待ち時間はどのくらいの時間なのか」と医事課職員が尋ねられた場合は、平均待ち時間の数値を伝えることが一般的であるとすれば、平均待ち時間という数値を用いることにより、待ち時間という集団を表す代表的な意味ある統計量であると判断できる。しかしながら、この平均値を集団の代表値として取り扱うためには、データの分布形状を検討しておく必要がある。一般には平均値から左右対称に広がりが得られた集団の分布の場合に用いられる。代表的な分布型は「正規分布」であり、正規分布は平均値をピークとした左右対称型の分布形状で表され、平均値・中央値・最頻値が一致するという特徴がある。病院実務においては、基礎統計量を算出した後、ヒストグラムでデータの分布形状を確認することが望ましいと考えられる。

2 集団の代表値として中央値の活用

　中央値（メディアン）はデータを大きさの順に並べたときの中央（真ん中）に位置する値をいう。平均値に比べ、中央値は分布形状に関わらず統計量として用いることができる。実務においてはExcel等を利用することになるが、平均値や中央値などを個々の関数から求めるのではなく、「データ分析」コマンドを利用すると便利である。

3 ヒストグラムと箱ひげ図

　図1-15は、A病院の4月分における退院患者平均在院日数の記述統計およびヒストグラムを表示したものである。退院患者平均在院日数の平均値は15.7日、最小値は2日、最大値は63日となった。このヒストグラムは左側に偏りがあり、右側に裾を引いたような形になっていることがわかる。病院実務においてこのような右に歪んだ分布は、在院日数や診療点数をグラフ化した場合によく見かけるのではないだろうか。

　この集団の代表値として、平均値の15.7日であると表現するのは適切とは言い難く、中央値9日をあげるほうが望ましいといえる。ここでは中央値はパーセンタイル値[*3]（50）として示している。また、このように偏りのある分布では最頻値や4分位範囲などで表現することもある。

　分布形状を示すグラフとしてヒストグラムの他に「箱ひげ図[*4]」が用いられることがあ

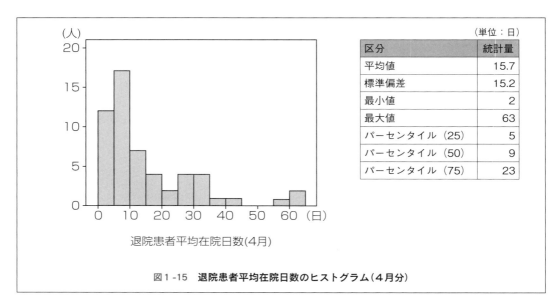

区分	統計量
平均値	15.7
標準偏差	15.2
最小値	2
最大値	63
パーセンタイル（25）	5
パーセンタイル（50）	9
パーセンタイル（75）	23

（単位：日）

図1-15　退院患者平均在院日数のヒストグラム（4月分）

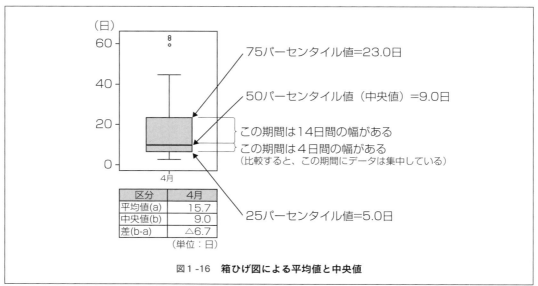

75パーセンタイル値＝23.0日

50パーセンタイル値（中央値）＝9.0日

この期間は14日間の幅がある

この期間は4日間の幅がある
（比較すると、この期間にデータは集中している）

25パーセンタイル値＝5.0日

区分	4月
平均値(a)	15.7
中央値(b)	9.0
差(b-a)	△6.7

（単位：日）

図1-16　箱ひげ図による平均値と中央値

＊3：計測値の分布（バラツキ）を小さい順に並べてパーセントで見た数字。本文の50パーセンタイル値とは、サンプル数100のうち低いほうから50番目以内（中央値）ということである。
＊4：品質管理において多用される統計手法で、バラツキのあるデータを視覚的に表現するためのグラフ。

る。箱ひげ図はボックス・プロットともいわれ、パーセンタイル値（25／50／75）を視覚的に捉えることができる（図1-16）。

中央のボックスは集団の中心的な分布範囲を示しており、中央に位置する５割のデータを示している。ボックスの下線は25パーセンタイル値、上線は75パーセンタイル値を示し、ボックス内の太線は中央値となっている。下線から太線までは25パーセンタイル値（5日）から50パーセンタイル値（9日）までを表しており、この期間は４日間の幅であることがわかる。これに対し、太線から上線までは50パーセンタイル値（9日）から75パーセンタイル値（23日）までを表しており、この期間は14日間となり3.5倍の幅となっている。この幅の違いはグラフのボックスの幅で表されており、ヒストグラムの左側に偏りがあることと対比すると、箱ひげ図はボックスの太線から下側の幅が狭まっている。同様に、ヒストグラムの右側に裾を引いたような形状は、箱ひげ図ではボックスの太線から上側の幅が広がっていることで表現されている。

このように箱ひげ図は分布形状に関わらずパーセンタイル値を利用した視覚的にわかりやすいグラフとなっているが、もう１つのメリットは複数のボックスを並べて比較できることである。ここでは４月分の在院日数を示したが、病院実務においては５月分、６月分というように時系列に並べて比較することが一般的である。この場合にヒストグラムで複数の月分を比較することは難しいため、箱ひげ図が用いられることが多い。**図1 -17**は、４月から６月までの退院患者在院日数の箱ひげ図を示した。

５月分は平均値20.4日と長くなっており、25パーセンタイル値６日から75パーセンタイル値30.75日まで24.75日の期間となっている。これは４月分の約1.4倍となり、グラフ上ではボックスの幅として表れている。また、６月分は平均値14.4日と中央値14.0日とほとんど差は見られない分布となっている。４月分と比較すると平均値およびボックスの幅はほとんど差が見られないが、中央値は５日の差となっている。

在院日数のグラフ表示は平均値のみを折れ線グラフで記載されている例を見かけるが、①平均値が集団の代表値として必ずしも適切とは限らないこと、②１つの点ではなく全体の分布形状を視覚的に捉える方が多くの情報が保有されることなどがあげられるため、病院実務においては箱ひげ図の積極的な活用が望ましいと考えられる。

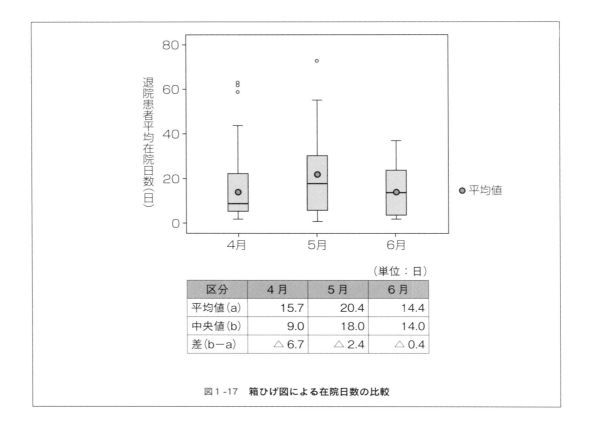

（単位：日）

区分	4月	5月	6月
平均値（a）	15.7	20.4	14.4
中央値（b）	9.0	18.0	14.0
差（b－a）	△6.7	△2.4	△0.4

図1-17　箱ひげ図による在院日数の比較

患者サービス ──外来患者の待ち時間と満足度

1 外来待ち時間に対する考え方

　我が国の医療の問題点として長い待ち時間と短い診療時間があげられる。その原因として、かかりつけ医を持たないことや患者の大病院志向があげられる。また、我が国はフリーアクセスにより患者が医療機関を選択でき、かつ、公定価格の性格を有する診療報酬制度により医療機関の受診に要する費用も同程度であることなどが理由としてあげられる。待ち時間に対する不満は患者満足度調査結果から指摘されることが多く、長い待ち時間は患者満足度を低下させる要因の１つと考えられ、待ち時間と満足度は強い相関があるという報告もある。病院管理者としては、外来待ち時間の実態把握とともに、患者満足度の観点から対策方法についても検討する必要がある。

2 待たせない仕組み

　外来待ち時間への配慮としては、「待たせない仕組み」と「待たせる仕組み」の２種類の対策があげられる。「待たせない仕組み」は、外来診察前の待ち時間をできるだけ短くすることが目的であり、診察予約制の導入、初診専用外来の開設、診療時間の拡大、診療開始時間の徹底などがあげられる。初診患者の新患登録は保険証の確認、診療録の作成、医事コンピュータへの入力操作など事務的業務が多いため、患者が来院する前にあらかじめ必要な事務手続きや情報入力を行うことも有効な改善策である。また、医事課窓口の受付開始時間は午前８時30分、診察開始時間が午前９時に定まっている場合でも必ずしも順守されていないことが予想される。外来担当医師との連携調整を行うことは必要であるが、医師の勤務が当直明けであるケース、または外来開始直前に病棟看護師から受持ち入院患者の急変に対応せざるを得ないケースもあろう。緊急患者への対応により、やむを得ず外来診療の定時開始が難しい場合は、外来担当医師と外来看護師、医事課窓口職員の連絡体制や応援体制など運用面の工夫も検討しておくことが望ましい。

3　待たせる仕組み

　一方、待ち時間短縮に最善を尽くしたとしても待ち時間がゼロになることは難しいため、最低限発生してしまう待ち時間は有効に使っていただくという考え方が「待たせる仕組み」として表現されている。外来待合ホールにテレビや雑誌を配置している病院は多い。一般のテレビ放送だけでなく、病院案内や休診・代診などのお知らせ、疾患について学習できる健康ビデオなどをTVモニターから映している病院もある。医学医療に関する雑誌が自由に閲覧や貸出できる体制を整えている例もある。

　また、順番表示システムの導入により自身の診察までの待ち人数が把握できること、さらには、ナビゲーション・システムの導入により固定した待合室で待つことから解放され、待ち時間を有効に使えるような患者サービスも実施されている。

　待ち時間対策は唯一の最適解を選択するという方針ではなく、病院の規模や運用体制に応じた対策として、待たせない仕組みと待たせる仕組みを調和させた工夫が患者サービスの表れとして伝わるのではないだろうか。

4　待ち時間調査と満足度調査の2つの事例から学ぶ

　外来待ち時間と患者満足度の調査結果および待ち時間の発生要因と患者満足度について2つの病院の事例を紹介する。

　A病院における外来待ち時間と患者満足度のクロス集計を示す（図1-18）。診察待ち時間と患者満足度の関連性を検証するため、待ち時間が50分以上の患者グループと50分未満の患者グループに区分し、診察待ち時間に対する満足度について「満足」「どちらともいえない」「不満」の3段階により回答を得た。待ち時間が50分未満の患者グループのうち満足と回答したのは169名（55.0％）となり、5割以上の患者から肯定回答を得ている。これに対し、待ち時間が50分以上の患者グループのうち満足と回答したのは36名（17.3％）と低く、2人のうち1人（102名、49.0％）は不満を訴えているなど有意差が認められた。このように長い診察待ち時間は患者の満足度を低下される要因につながっていることを念頭に、病院管理者は積極的な待ち時間対策を行う必要があると考えられる。

　また、待ち時間の発生場所とその時間の長さについては興味深い事例がある。B病院の外来患者調査によれば、患者が来院後に医事課窓口で受付し、外来診察が行われるまでの待ち時間（診察待ち時間）は約17分であるのに対し、診察終了後に会計窓口で患者一部負担金を支払うまでの待ち時間（会計待ち時間）は約6分となった。このことから会計待ち時間は診察待ち時間より11分短いことになる。次に、患者へのヒアリング調査を行い、待ち時間の発生要因が与える患者満足度の影響について検討したところ、診察前の待ち時間は許容できるが、会計前の待ち時間への不満が大きいことが判明した。実際の待ち時間の

（単位：人、％）

区分	50分以上の患者グループ		50分未満の患者グループ		合計	
	人数	比率	人数	比率	人数	比率
満足	36	17.3	169	55.0	205	39.8
どちらともいえない	70	33.7	78	25.4	148	28.7
不満	102	49.0	60	19.5	162	31.5
合計	208	100.0	307	100.0	515	100.0

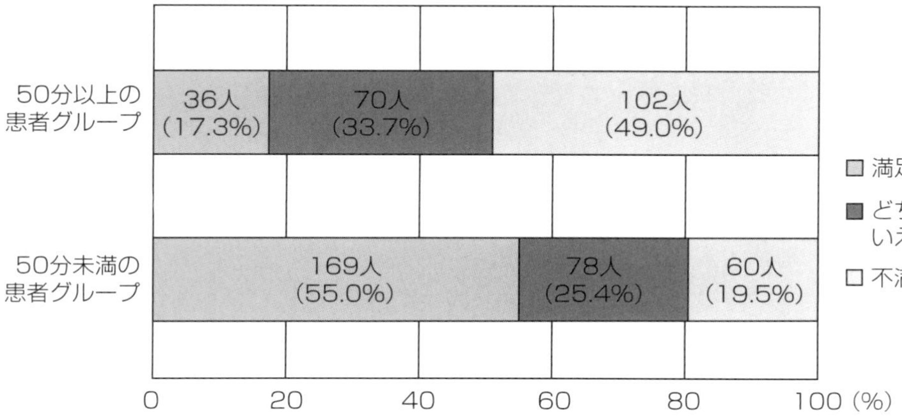

図1-18　A病院における外来待ち時間と患者満足度

長さは診察待ち時間よりも会計待ち時間のほうが短いにも関わらず、会計待ち時間に対する不満を訴える患者が多いことがわかった。つまり、患者としても待合室の混雑している状況を見れば、診察前にある程度の待ち時間が発生することはやむを得ないと考えているが、診察終了後はできるだけ早い時間に帰宅し療養したいと願うために会計待ち時間が発生することには強い不満が表れていると推察される。この調査結果から患者満足度向上のためには、会計窓口の増設や自動支払機の設置など会計待ち時間の短縮を行うことが緊急の検討課題としてあげられる。

　このように調査結果を数値として捉えるだけでなく、顧客である患者の声を聞きながら調査分析を深めていくことが重要であり、患者側の要望により実践される業務改善事例を重ねていくことが患者満足度の向上につながると考えられる。

13 診療情報管理（1） 組織の体制整備

1　診療情報管理部門とは

　診療情報管理部門は、病院内で日々発生する診療情報の管理を行い、それを活用して診療の支援を行う。あらゆる種類の病院にとって非常に重要な役割を果たす中央部門の1つとして位置づけられる。

　診療録は患者中心の医療を実現するうえで、医療内容を評価するために必要不可欠な資料となる。診療録の価値は多岐にわたる。診療録が患者個人にとって極めてプライベートで、かつ、重要な個人情報であることはもちろんのこと、病院にとっても診療上、経営上、研究上、教育上、あるいは第三者評価、情報開示、医療監査といった幅広く重要な資料となる。このことから、診療録と、そこから得られる診療情報に関する管理の重要性および必然性が導かれる。

　必要な診療情報を「必要とする人に必要な時に必要なだけ提供すること」を可能にするのは、日々の診療情報管理業務を確実に施行し、診療情報の蓄積を行うことが必要不可欠である。診療情報管理業務を行う場合には、それを十分に理解して業務に当たらなければならない。

2　診療情報管理部門の組織的位置づけ

　診療情報管理部門は、診療記録および診療情報を管理する部門が組織的に独立しており、診療記録を「モノ」として管理する部門という事務的な位置づけではなく、診療情報の管理を行い、診療の支援や経営の改善に寄与する中央部門としての体制が確立している必要がある、とされている。さらに、診療情報が適切に管理され活用されている必要があり、診療情報管理室からの依頼、警告、指導、分析結果などが院内のあらゆる組織に適切な形で伝達されることが求められる。そのためには、部門長は院長・副院長の直轄であるなど権限を有する必要があり、また、このような機能を果たす委員会の設置が必要となる。

　2000（平成12）年3月には、「診療録管理体制加算」として、診療録の管理体制や診療録の内容により診療録管理業務に対して初めて診療報酬上の評価がなされた。

　日本病院会の調査（2019〔令和元〕年12月）によれば、診療録管理体制加算1を取得して

いる施設は52.2%（3,260／6,250）と5割を占め、加算2を取得している施設は29.2%（1,828／6,250）となった。このことから8割超の医療機関において一定程度の整備状況が得られているといえる。

3　診療情報管理室の設置

▍(1)診療情報管理委員会の発足

　診療情報管理室の運営を円滑に行うためには、まず、診療情報管理委員会を発足させる必要がある。委員会で診療録の書式、保管方法、貸出し方法、情報の収集方法、活用方法などを検討し、「診療情報管理規程」を定める。それを院内に周知徹底させることが重要となる。そのためには、病院が一丸となって努力する体制が必要となるが、そこで鍵を握るのは院長等、病院幹部の強いリーダーシップである。

　さらに、規程を定めることにより、他職種との連携を図り、診療情報管理を行う目的(医療の質的向上、病院機能評価受審、診療録管理体制加算取得、電子カルテ導入など)を明確にして、何を行う必要があるのかを決定し、優先順位を取り決める。

▍(2)診療情報管理室の設置場所

　診療情報管理室の設置場所は、可能であれば医局の傍らに設置することが望ましい。筆者が以前勤務していた病院では、医局の向かいに診療情報管理室が設置されていた。そのため、医師とのコミュニケーションが日常的に図りやすく、医師も必要な際に診療情報管理室へ立ち寄り、記載内容の不備や漏れがあった場合でも、迅速に対応し、補記することが可能であった。

　しかし、新館建設に伴い、診療情報管理業務に対する病院事務員の無理解から、診療情報管理室が医局から離れてしまうと、医師が診療情報管理室に気軽に立ち寄る、ということが物理的距離から不可能になってしまった。そのため、医師に対するコミュニケーションが図りづらくなってしまい、結果的に、診療情報管理業務自体も円滑に行うことが困難となった。

　診療情報管業務においては、他職種とのコミュニケーションがもっとも重要であり、それを実現させるためには、医師などの動線を考え、診療情報管理室を病院内のどこに設置するのか、という点を慎重に考慮する必要がある。そのためには、診療情報管理業務の重要性を病院事務職員にも理解させる必要があり、院長等の病院管理者のリーダーシップが求められる。

診療情報管理(2)
適切な運営管理

1　診療情報管理室の適切な運営管理

　必要とされる診療情報を即時に提供することは、診療情報管理室の重要な責務の1つである。それを実現するためには日々の診療情報管理業務を確実に行う必要があり、その際にもっとも重要となるのが、診療情報管理室の適切な運営管理である。

　病院内において診療情報管理室は、診療部門や看護部門等から敬遠される場合が多い。それは、診療録を記載する義務がある医師や看護師等の医療従事者が、診療情報管理室からの診療録記載内容に関する督促や警告等を嫌うことが原因である。このように、診療録管理業務は非常に難しい側面を持つ。そのため、院長等の病院幹部の診療情報管理室への継続的な支援が必須であり、また、適切な管理運営は、その意味において診療情報管理を行ううえでの鍵となる。

2　診療情報管理委員会

▌(1)委員構成

　診療情報管理の運営には、診療情報管理室の病院内の組織的位置づけとともに、診療情報管理委員会(以下、委員会)の活動が重要である。この委員会を中心として、病院内の診療情報管理に関する運営方針を各部門、各診療科の承認を得て決定することは、診療情報管理の日常業務を行ううえで必要不可欠である。

　診療情報管理業務の遂行が容易になるのは、この委員会の活動によって、診療記録を作成する医師や看護師の協力を得ることができるからである。また、常に業務の改善を行い、チーム医療のなかで、診療情報管理の意義と、後日の活用に意味があることを十分に説明し理解させ、意識を持たせ、協力を願うことも重要な点の1つである。

　委員会は、院長の直轄として位置づけることが望ましく、委員構成を委員会規則に明文化する。委員会の決定事項の徹底を図るために、基本的には病院が標榜する診療科すべてから委員を選出する。そのため、委員は所属するグループの代表として、ある程度の決定権を有する人物が望ましく、また、委員同士のバランスを考えることも重要である。

▌(2)委員会の開催

委員会の開催は、原則として定期的に行い、必要に応じて臨時の開催も可能な条件を整えておく。委員会の役割は、院内における診療情報管理の規約決定、各関係者間の意見調整や問題の解決、協力関係の構築などである。

委員会の運営は、診療科が多くなるほど方針が多様化して統一した見解が得にくい場合があるので、日常から関係者間の意思の疎通を図る必要がある。その方法として、委員会の責任範囲を明確にし、委員に重要な問題に取り組んでいる、という意識を持たせること、議事録などを介して適宜、連絡やコンタクトをとり、委員会を休眠状態にすることなく、常に動き、活動を持続することである。また、事務局となる職員は、物事を行う際に事前に関係者からの了承を得ておく等、協調関係を構築することを常に意識する必要がある。

▌(3)診療情報管理委員会で検討する事項

委員会で検討する事項の例については、以下のものがあげられる。
①診療録の書式統一、新帳票の認可
②未返却診療記録の状況報告と対策検討
③未記載診療記録（退院時要約など）の状況報告と対策検討
④診療記録保存年数の決定、保存方法の検討
⑤診療情報の開示のあり方
⑥診療情報開示および貸出し状況報告
⑦診療情報管理運用の周知徹底
⑧記録監査方法の検討

3 診療情報管理規程の作成

診療情報は、専門的立場からの適切な判断に基づき整理し、効果的に利用することで初めて価値のあるものになる。診療記録管理規程は、診療情報管理業務を遂行するための重要な指針となる。診療情報管理担当職員は、その基準に沿って日常業務を処理し、診療上、研究上、教育上、および病院管理上に寄与し、さらに医療の質的向上に貢献しなければならない。規程を作成する際は、病院として「診療情報管理のあるべき姿」を明確にすることが求められる。診療情報はたんに保管されているだけではなく、いかに利用しやすい状態で管理されているかが重要である。その目的のために、どのように診療内容を記録し、整理し、管理するかが肝要である。

診療情報管理委員会のもとで、次の項目を明確にした規程の作成を行う。
①診療情報管理の目的

②管理対象

③診療記録の作成規程

④管理規程

　大切な点は、責任の所在の明確化である。診療情報の利用に関しての責任と認可、利用できる範囲、診療情報からの資料公表の場合の取り決めなどを定め、どの時点おいても取り扱いの責任所在を明確にし、さらに定期的な点検を行うことが重要である。

　また、病院内の全員が規程に従うことは、診療情報管理においてもっとも重要かつ基本的なポイントである。そのため、作成された規程は冊子にして、医師、看護師、その他職員の病院採用時に配布し、診療録管理の教育に活用することが望ましい。

4　診療情報管理室内における情報の共有化

　診療情報管理室での業務においては、診療情報管理規程を基に常に確実な業務を行うことが求められる。それは、平素の診療情報管理の緻密さによって、後日の活用における情報の確度が決まってしまうからである。そのため、診療情報管理室で勤務する職員全員が運用決定事項について、正確でかつ最新の情報を共有し認識する必要がある。それを実現する方法として、FileMaker（ファイルメーカー社）のようなデータベースソフトを利用する方法がある（図1 -19）。そこに、委員会やその他、管理者会議などで決議した事項をすべて入力する。改廃についても、その都度入力を行い、診療情報管理業務に関わる最新情報をデータベース上に維持することにより、必要に応じて検索し活用することで、診療情報管理室内で確実な情報共有が実現できる。その結果、無理／無駄／ムラのない質の高い診療情報管理業務を提供することができる。

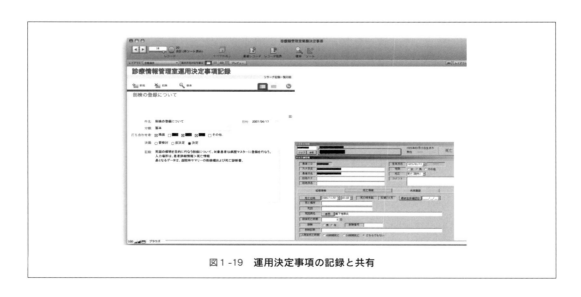

図1 -19　運用決定事項の記録と共有

診療情報管理（３）診療録の管理

1 診療録の適切な管理

　診療記録の価値を発揮させるためには、必要とする診療録を常に迅速かつ正確に抽出できることが必須条件である。それを満たすために、診療録の一元化を行うことが必要となる。また、正確に、という条件を満たすために、管理責任の所在を明らかにしたルール作りや組織体制の整備が必要となる。

　診療録の管理には「モノとしての管理」と「情報としての管理」の２つの側面がある。これらは診療録の管理を行ううえで、どちらも必要不可欠である。モノとしての管理が完全でなければ、情報としての信頼性は損なわれてしまう。また、診療録の情報内容が利用、活用されて初めて管理自体の存在意義が生まれるのである。

　このような点から、今日では「モノとしての管理」から「情報としての管理」に重点が移りつつある。さらに、従来の「診療録管理」から発展し、「診療情報管理」といった言葉が用いられるようになった。

2 「モノ」としての管理

　診療録の流れ（患者の退院後に病棟から診療録を回収して診療情報管理室で管理を行うまで）や貸出管理をはじめとする物流的な管理を指す。さらに、診療録に記載されている情報の精度を向上させ、維持していくために、医師や看護師などの診療記録作成者に対し、記録の重要性を啓蒙するとともに、診療録の「形式」と「内容」の監査を行う。形式監査は、診療記録として義務づけられている項目の記録があるか、必要な書類が漏れなく記載されているかなどを確認し「量的点検」と呼ばれる。質的監査は、診断や行った医療行為を裏づける記録があるか、第三者評価を行った際に医療行為の正当性が担保できるかなどを確認し「質的点検」と呼ばれる。

■（1）量的点検とその項目

　診療録の量的点検とは、「診療録に記載された記録の量が、診療行為の内容に沿って記録が揃っているかを見直す」ということであり、点検項目を診療情報管理委員会等で定め、

そのガイドラインに沿って診療情報管理業務に携わる職員が点検を行う。点検項目例を下記に挙げる。

①手術記録、退院時要約や診療行為に付随した各種記録に不備や遅滞がないか

②記入が義務づけられている内容、項目の欠落や記載漏れがないか

③記入内容に不正確、不確実、誤記、判読不能な記載等がないか

④署名・捺印・日付等の記載が漏れていないか

⑤保険医療機関として規則に則った記載がされているか

　保険医療機関及び保険医療養担当規則第22条に基づき、診療の事実を記載する。必要事項の記載がない場合、不正請求と判断されてしまう事例が実際に発生しているため、注意が必要である。複数の医師が診療にあたる場合は、診療の都度に医師が署名をして責任の所在を明確にしなくてはならない。また、レセプトの傷病名と診療記録の傷病名は一致していなければならない。

以上のような量的内容について点検や見直しを行い、不備や脱落事項があった場合、記載者にそれをフィードバックし、完全な記録の完成を援助しなくてはならない。

(2) 質的点検とその項目

　診療情報管理室で量的点検が行われた後、診療録を最終的に完成させるために、教授あるいは診療部長などの上級医師によって行う点検である。

①診断名や転帰の順序、記録の妥当性の評価

②診断名に適した検査・治療が行われたか

③経過記録・処方・手術・退院時要約等が正しく記録され、それを裏づける内容を含んでいるか

④医療の効率化の視点から、改善する余地がないか

以上が確認され、各診療科における責任者の署名、捺印がされて診療記録の完成となる。

(3) 診療録管理のポイント

　診療録の管理を行う目的を考えて体制を整備することが求められる。診療録を迅速かつ正確に入出庫することは、その目的の1つである。具体的な検討事項のポイントとして、下記3点を挙げることができる。

①診療録の付番方法

②診療録の収納方法

③診療録の保管場所および保管環境

　さらに、適切な管理を実現するためのポイントとして、次の7点がある。

①診療録の紛失を確実に把握する仕組みをどのようにするのか

②患者退院後の診療録の流れをどのようにするのか

③未整理診療録や貸出し期限を超過した診療録の督促をどのようにするのか

④診療録に関する管理規定を院内に遵守させるためにどのようにするのか

⑤保管スペースはいかほど確保可能なのか、あるいは、いかほど必要なのか

⑥パージングの時期と方法はどのようにするのか

⑦院内での保管期間を何年に設定するのか

3 「情報」としての管理

　診療録の情報としての管理とは、「診療録の内容を情報として迅速に検索し、入手可能な状態を維持する」ことである。1つひとつの患者情報を各部門から集積し、一元化することができれば、総合的、統合的な患者情報となる。そのため、院内における「診療情報データベース」をいかに構築するのか、という点が非常に重要な鍵となる。

　さらに、上記のような情報をさらに集約し、病院全体の共通情報として管理および活用することができれば、患者台帳をはじめ、さらに多くの統計資料を作成することが可能になる。病院統計は、病院管理統計と臨床統計の2つに分けることができる。病院管理統計は、病院管理者が根拠に基づいた病院運営を行う際のエビデンスとなる資料となり、臨床統計は、医師をはじめとする医療従事者が必要とする医学的資料となる。

　統計資料作成の目的は、現状把握をすることである。病院の医療動態を把握することにより、医療の質向上や効率化に活用され、そらに、他の病院との比較検討や、患者への情報提供も視野に入れて検討する必要がある。

▌(1)統計資料の種類

　統計資料は、下記の3つに分けられる。

①主となる基礎的統計

　入院患者数、平均在院日数、病床利用率、病床回転率、死亡率、剖検率、対診率など

②医療評価につながる統計

　院内死亡率、術後死亡率、新生児死亡率、帝王切開数、死産数、再入院率、5年生存率など

③病院経営のための統計

　年齢別／診療科別／医師別退院患者数、紹介率、逆紹介率など

　具体的な統計資料(例)を図1-20に示す。

平成22年2月　医療行為報告書（月報）

平成22年3月1日
○○総合病院
診療情報管理室

退院患者 基本情報

	平成22年2月	平成21年2月	前年比較
退院患者数	319	332	96.1%
平均在院日数	19.3	17.4	1.9

*入院診療録期限内整備率について

　○○総合病院では、入院診療録を患者退院後2週間以内に主治医が完成させる決まりになっています。
入院診療録期限内整備率とは、患者退院後2週間以内に入院診療録が整備された割合を示します。

病院機能評価では、退院後2週間以内に100%の整備が求められています。

診療科別 基本情報

診療科	退院患者数	平均在院数	入院診療録期限内整備率
整形外科	37	17.6	40.0%
外科	46	15.8	87.5%
脳神経外科	10	43.4	80.0%
内科	78	38.5	45.0%
産科	76	9.5	100%
婦人科	7	5.9	100%
小児科	47	7.6	100%
泌尿器科	18	12.9	100%
麻酔科	0	-	-
院内平均（ドック入院を除く）		19.3	76.8%

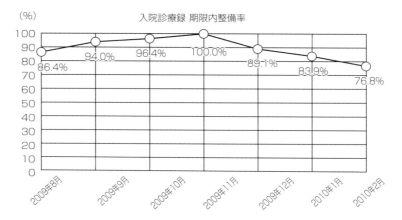

入院診療録 期限内整備率

86.4%　94.0%　96.4%　100.0%　89.1%　83.9%　76.8%

2009年8月　2009年9月　2009年10月　2009年11月　2009年12月　2010年1月　2010年2月

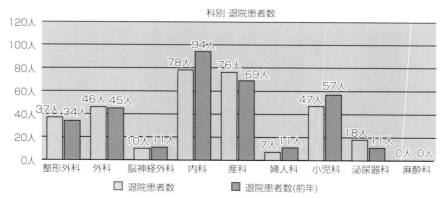

科別 退院患者数

□ 退院患者数　　■ 退院患者数(前年)

	整形外科	外科	脳神経外科	内科	産科	婦人科	小児科	泌尿器科	麻酔科
退院患者数	37人	46人	10人	78人	76人	7人	47人	18人	0人
退院患者数(前年)	34人	45人	11人	94人	69人	11人	57人	11人	0人

地域別 退院患者数

*保険未加入新生児

	波田町	山形村	朝日村	安曇地区	奈川地区	梓川地区	松本市	三郷地区	塩尻地区	穂高地区	豊科地区	堀金地区	その他県内	県外	不明*	計
人数	56	26	27	8	5	42	65	31	13	6	7	3	7	5	18	319
割合	17.6%	8.2%	8.5%	2.5%	1.6%	13.2%	20.4%	9.7%	4.1%	1.9%	2.2%	0.9%	2.2%	1.6%	5.6%	100%

※診療科の表示順については各病院で異なる。この例の場合は、病院内部コード順となっている。

図 1 -20　統計資料（例）

16 診療情報管理（4）適切なICDコーディング

1 診療録の分類

　診療録には、疾病や医療行為に関連する多種多様な情報が記載されている。そうした情報を活用するためには、様々な情報を一定の法則にしたがって同種類・類似集団に振り分ける作業である「分類（グールピング）」が必要となる。疾病の場合は、「疾病及び関連保健問題の国際統計分類：ICD」を用いて、その内容を英数字符号で分類しコード化（コーディング）を行う。疾病や障害、手術の索引や統計を確実に行うためには、このコーディングを正確に行う必要がある。また、近年のように、コンピュータを用いてデータ処理を自動化する場合などではコーディングは必須である。

　適切で正確なコーディングを行うことは、非常に重要である。コーディングが不正確なものであれば、情報の後利用をする際に、いかほどの努力をしても正確な統計を作成することは不可能である。換言すれば、コーディングの正確さの程度により、統計資料の正確さは決定してしまう。

2 日本における国際統計分類（ICD）

　「疾病及び関連保健問題の国際統計分類：International Statistical Classification of Diseases and Related Health Problems（以下、ICD）」とは、異なる国や地域から、異なる時点で集計された死亡や疾病のデータの体系的な記録、分析、解釈および比較を行うため、世界保健機関憲章に基づき、世界保健機関（WHO）が作成した分類である。疾病や死因を国際間における比較や活用をする場合、各国が共通の一定の法則にしたがって分類することが必要となる。それには、分類のルールを各国の医療機関が共通して採用し、同一の手法にて管理することが重要な条件となる。

　ICD-10（1990）はICDの第10回目の修正版として1990年の第43回世界保健総会において採択されたものであり、わが国では、その後のWHOによるICD-10の一部改正の勧告であるICD-10（2003）に準拠した「疾病、傷害及び死因分類」を作成し、統計法に基づく統計調査に使用されるほか、医学的分類として医療機関における診療録の管理等に活用されている。現在はICD-11導入に向けて検討が進められている。

3　ICDを利用する際の注意点について

　診療録に記載された診断名のコーディングは、診療情報管理士がその専門性をもっとも発揮できる業務の1つである。現在、コンピュータを用いた自動的なコーディングも可能であるが、ICDの構造や内包している問題点を十分に理解しておかなければ、正確なコーディングは不可能であり、最終的には人間が介在せざるを得ない。現段階では、コーディング作業の効率化を図る支援ツールとしてコンピュータを用いるに留める必要がある。

　正確なコーディングを行うためには、下記の3点が必要となる。

①主病名選択の技術や知識

②診療情報の内容を読み取るに足る医学知識

③医学用語の理解

(1) DPCとICDコーディングの関係

　近年、医療費定額支払制度の導入に伴い、DPC（診断群分類）を視野に入れたコーディング作業を行うことが必要になりつつある。

　「当該患者の一入院期間での主要病態を分類する」という目的が明確であるDPCに関わるコーディングについては、従来からのICDコーディングとは考え方が異なる部分が存在することを理解する必要がある。

　主要病態の選択に関して、ICDでは「医療行為が必要となった原因としての病態のなかで、最後に診断されたものを主要病態とする」とある。DPCでは「医療資源をもっとも投入した傷病名」となり、もっとも診療報酬点数が高い技術を行った傷病名が対象となる。ICDにおいても、複数病態からの選択趣旨として「医療資源の投入量」について明文化されているが、DPCのそれとは異なり、概念としての曖昧さを内包している。

　以上から、DPCを意識したコーディングを行う際には、ICDのルールとは概念が異なる場合があるので注意を要する。

(2) 適切なコーディングのための環境整備

　コーディングの精度を高めるためには、以下に挙げる適正なルールに基づいて運用することが必要である。

①一貫性のあるコーディング

　同一の傷病は、同じコードでコーディングされなければならない。そのためには、ICDの体系を十分に理解する必要がある。それは、診療情報管理業務担当者だけではなく、特に、診療録へ傷病名を記載する医師にはICDに関する理解を深めてもらうように、その体系を啓発するなどの活動についても考慮すべきである。

　また、診療録の様式を工夫し、医師が記載しやすいようにテンプレートを採用すること

で、診療記録の標準化を達成するとともに、診療における見落とし、書き落としを防止し、一貫性のあるコーディングの実現だけではなく、診療の質向上へも寄与することができる。

②正確なコーディング

　診療録に、ICDの索引表などに収載されていない傷病名の記載があった場合は、医師から説明を受け、傷病に関する知識を深めることが必要である。さらに、診療録への記載についても、コーディングする際に必要な情報を医師に伝え、十分に記載をしてもらうように協力を求めることも重要である。

③完全性の高いコーディング

　主要病態は、疾病統計などでキーになる傷病名である。そのため、慎重にコーディングすることが求められる。また、主要病態以外にも併存症や合併症などの傷病名についても、漏れなくコーディングすることが大切である。

4　医療行為の分類

　診察や検診など、人々が病院を受診する目的は様々である。医療行為の情報を管理および活用することで、院内において、どのような医療サービスをどの程度施行しているのか、診療状況や医療機能の状態を把握することができる。その意味において、医療行為の情報は、疾病状況と同様に非常に重要である。

　医療行為の分類では近年までICD-9-CM（International Classification of Diseases 9th Revision Clinical Modification）が医療機関における診療統計に活用されてきた経緯がある。しかしながら、ICD-9-CMはWHO（世界保健機関）の管轄ではないことや医療行為の進歩とICD-9-CM分類の細かさに乖離がみられることから診療情報管理士の教育プログラムでは見直しが行われ、現在は医療行為の分類としてICHI（International Classification of Health Interventions）が検討されている。

　また、わが国では医科診療報酬点数表にある診療報酬請求用のJコード（処置コード）、Kコード（手術コード）が存在しており、医事関連業務ではこれが用いられるとともにDPC診断群分類にも活用されている。DPC分類は3層構造になっているため、第1層目はICD-10で定義された傷病名の選択、第2層目は医科診療報酬点数表のKコードで定義された手術の選択、第3層目は処置、副傷病名、重症度の選択により診断群分類DPC14桁コードを決定するのが基本であるとされている。このようにわが国独自のJ・Kコードは病院実務的に必要不可欠なものである一方で、国際基準の観点からは診療情報管理分野におけるコード体系としての課題も内包している。

診療情報管理（5）診療録管理体制加算

1　診療録管理体制加算からみた病院運営管理

　診療録管理体制加算は2000（平成12）年度改定において設けられ、入院初日に30点の診療報酬の加算点数として評価された。さらに、2014（平成26）年度改定において「診療録管理体制加算1」（入院初日100点）の評価が追加され、「診療録管理体制加算2」（入院初日30点）とともに2種類の点数が設定された。ここでは主として「診療録管理体制加算1」に示された施設基準の要件に沿って病院実務のあり方を検討していく（図1-21）。

（1）病院組織における診療録管理部門および委員会等の設置

　診療情報を適切に管理するためには、担当部門または委員会を設置し、専任者を配置するなど体制整備が重要である。診療情報管理部門は院長または副院長など病院管理者の直属組織として位置づけすることが望ましい。診療録の記載事項を監査する立場にある診療情報管理部門は、特定の診療科や部門に属することなく、すべての診療部門に等しく権限行使ができる体制整備が求められる。また、診療情報管理委員会においては診療情報管理部門の職員は事務局機能を担うことになる。

（2）診療記録管理者の配置

　診療記録管理者は、診療情報管理士資格取得者または同等の専門知識を有する職員の配置が必要である。専任の常勤診療記録管理者の必要人員は年間の退院患者数2,000名ごとに1名以上とされ、うち1名以上が専従であると定義されている。「常勤」の診療記録管理者であるため、非常勤職員の常勤換算による人員配置は認められず、同様に派遣職員や指揮命令権のない請負契約も認められない。また、専従要件が示されており、診療記録管理者の業務は診療情報の管理、入院患者についての疾病統計を行うものとされている。診療報酬の請求事務（DPCのコーディングに係る業務を除く）、窓口の受付業務等は除外されており、医師事務作業補助体制加算に係る医師事務作業補助者を兼ねることはできないなど細かく定義されている。

　病院における診療情報管理業務は、診療録の保管・管理など診療録の取扱いに係る諸業務、疾病コーディングと退院時要約の集計分析、DPC業務、がん登録、医療の質評価に関

（1）	診療記録（過去5年間の診療録並びに過去3年間の手術記録、看護記録等）の全てが保管・管理されていること
（2）	中央病歴管理室が設置されており、「医療情報システムの安全管理に関するガイドライン（平成25年10月10日政社発1010第1号）に準拠した体制であること
（3）	診療録管理部門又は診療記録管理委員会が設置されていること
（4）	診療記録の保管・管理のための規定が明文化されていること
（5）	年間の退院患者数2,000名ごとに1名以上の専任の常勤診療記録管理者が配置されており、うち1名以上が専従であること。なお、診療記録管理者は、診療情報の管理、入院患者についての疾病統計（ICD10による疾病分類等）を行うものであり、診療報酬の請求事務（DPCのコーディングに係る業務を除く）、窓口の受付業務、医療機関の経営・運営のためのデータ収集業務、看護業務の補助及び物品運搬業務等については診療記録管理者の業務としない。なお、当該専従の診療記録管理者は医師事務作業補助体制加算に係る医師事務作業補助者を兼ねることはできない。
（6）	入院患者についての疾病統計には、ICD（国際疾病分類）上の規定に基づき、4桁又は5桁の細分類項目にそって疾病分類がなされていること
（7）	以下に掲げる項目をすべて含む電子的な一覧表を有し、保管・管理された診療記録が、任意の条件及びコードに基づいて速やかに検索・抽出できること。なお、当該データベースについては、各退院患者の退院時要約が作成された後、速やかに更新されていること。また、当該一覧表及び診療記録に係る患者の個人情報の取扱いについては、「医療・介護関係事業者における個人情報の適切な取扱いのためのガイドライン」（平成16年12月24日医政発第1224001号等）に基づく管理が実施されていること
	ア　退院患者の氏名、生年月日、年齢、性別、住所（郵便番号を含む）
	イ　入院日、退院日
	ウ　担当医、担当診療科
	エ　ICD（国際疾病分類）コードによって分類された疾患名
	オ　手術コード（医科点数表の区分番号）によって分類された当該入院中に実施された手術
（8）	全診療科において退院時要約が全患者について作成されていること。また、前月に退院した患者のうち、退院日の翌日から起算して14日以内に退院時要約が作成されて中央病歴管理室に提出された者の割合が毎月9割以上であること。なお、退院時要約については、全患者について退院後30日以内に作成されていることが望ましい。
（9）	患者に対し診療情報の提供が現に行われていること。なお、この場合、「診療情報提供に関する指針」（平成15年9月12日医政発第0912001号）を参考にすること

図1-21　**診療録管理体制加算に関する施設基準**

する業務など多方面にわたり、経営管理に密接な関係もあることから病院規模や業務内容を勘案した複数名の人員配置を行うことが重要である。

■（3）診療記録の保管・管理に関する規定の明文化

　医療機関において一連の診療行為を記載した診療記録は貴重な情報が集積されており、2次利用の価値も高い。基礎資料となる診療記録は院内で統一されたルールに従い、精度

の高い診療情報として保管・管理しなければならない。そのためには自施設における診療記録の保管に関する規定を明文化しておくことが重要である。診療記録に関する管理方法、保管期間など責任体制を明確にするとともに、規定に沿った適切な運用を実施することが求められる。

(4) 診療記録の疾病別検索および抽出による診療データ活用

　診療記録の分析活用は病院運営の観点から重要事項である。疾病別に患者数、在院日数、診療点数などを集計分析することは、医療の質評価のための指標と成り得る。また、病院経営のための分析資料としての応用範囲は広い。

　施設基準では、入院患者についての疾病統計には、ICD（国際疾病分類）上の規定に基づき、4桁または5桁の細分類項目にそって疾病分類がなされていることが記載されている。さらに、患者基本情報、入退院日、担当医および担当診療科、ICDコードと疾患名、手術コードと手術内容等が含まれた電子データの保管・管理が求められ、このデータベースにより任意の条件検索が可能であることが規定されている。さらに、「医療・介護関係事業者における個人情報の適切な取扱いのためのガイドライン」（平成16年12月24日医政発第1224001号等）に基づく個人情報の管理が実施されていることがあげられている。

　このように様々な活用が可能となり、分析結果が及ぼす影響も高いことを考えると基礎データの正確性は極めて重要となる。不十分なデータから得られた分析結果をもとに議論されることがないように担当者は細心の注意を払うことが求められる。疾病別分類はICD-10分類やDPC分類などが用いられ、診療データの活用方法は自院の時系列比較及び同規模他病院比較があげられる。自院の時系列比較は経年的推移を見ることが目的であり、中長期的な傾向を知ることができる。患者数や在院日数の経年比較、医療圏の人口構成と自院の患者年齢構成の経年比較が可能である。また、同規模他病院比較はベンチマークと言われている手法である。医療圏ごとの複数の病院指標をプロットすることにより病院の特性を見極めることができる。

(5) 全患者の退院時要約の作成

　全診療科、全患者の退院時要約を作成することが求められている。医師等により患者に対し行われた診療行為は診療録に記載される。退院時に要約（サマリー）として整理したものが退院時要約であり、外来診療録に添付することにより退院後の通院時に入院加療による治療行為が容易に把握できる。また、電子媒体として保管された退院時要約も外来診療時の閲覧や転院先への情報伝達手段として活用できる。

　退院時要約は全ての入院患者を対象にして作成することが求められている。また、前月に退院した患者のうち、退院日の翌日から起算して14日以内に作成された者の割合が毎月9割以上であること。全患者について退院後30日以内に作成されていることが望まし

いとされている。

　診療情報管理担当者は、正確な疾病統計を作成するためにも基礎データとして欠損データが発生しないように留意することが重要である。退院時要約を作成していない医師への働きかけや定期的なサマリー作成率を資料化するなど実務上の工夫も求められる。

2　届出書添付書類からみた留意事項

　図1-22に示すとおり、診療録管理体制加算の施設基準に係る届出書添付書類（様式16）には、診療録管理に関する部門または委員会の設置状況等について詳細に記載することが求められている。施設基準の申請時に診療記録管理委員会等の規定および議事録を確認する事例もある。委員会の構成員は規定により定められるものであり、初回の会議において選任したことを議事録に記載し、決裁承認による記録が必要である。

　また、様式16には、専任となる診療記録管理者の氏名が明記されている。加算取得が得られた後、届出した診療記録管理者が人事異動等により変更事由が生じた場合には、変更内容、変更時期などを記載した決裁承認の手続きを行うことが望ましいと考えられる。同様の考え方により、委員会の構成員や人数等の変更を生じる場合にも該当項目に対する決裁承認が求められるといえよう。病院管理者は初回申請時の環境が変わったとしても加算に必要となる要件を継続して具備していることが求められることに留意する必要がある。

「様式16」に定められた記載すべき事項			留意事項
No	項目	記載事項	
1	中央病歴管理室	場所	届出時には配置図および平面図を添付する。中央病歴管理室の現況写真により診療録の保管状況が説明できることが望ましい。
2	診療録管理部門	部門の有無	届出時には診療情報管理部門がわかる組織図を添付する。
3	診療規則管理委員会	月次開催回数、参加メンバー	委員会規程により定められた構成員および開催頻度の確認。議事録を整理しておくこと。
4	専任の診療録管理者	人数	届出時には診療記録管理者の氏名および勤務形態（常勤・非常勤別、専任・専従）がわかる文書を添付。
5	疾病統計	ICD分類の状況	ICD分類による疾病統計を作成し、会議や委員会での活用実績が記録されていることが望ましい。
6	患者に対する診療情報の提供	情報提供について具体的に記載する	診療録の開示に関する資料として申請書、実施記録など一連の資料を整理しておく。

＊該当項目を一部抜粋しています。

図1-22　診療録管理体制加算に関する施設基準に係る届出書添付書類（様式16）一部抜粋

診療情報管理(6)　現状分析と今後の展望

1　診療情報管理部門の業務

　診療情報管理部門の業務は、診療録(カルテ)などを取り扱う「モノ」の管理と診療情報の収集分析など「情報」の管理がある。日本病院会の調査(2008〈平成20〉年)によれば、診療情報管理部門の業務内容は2004(平成16)年にはICDコーディングや診療録の保管や貸出管理などの管理業務が主たる内容であったのに対し、2007(平成19)年はこれらの業務の他に、DPC、がん登録、記録の監査、診療録の開示などの業務が増えてきている。これらのことから、多様な診療情報管理業務に対応できる専門職として診療情報管理士の認定資格が脚光を浴びており、病院運営のなかで重要な位置づけがされてきている。
　診療情報管理業務は病院運営に密接に関わる部門として業務範囲が拡大しているとともに、院内業務に対する重要度も増していることがわかる。診療情報管理業務は診療記録を基に医療の質向上を目指して医師、看護師など診療部門に対してコーディネイトしていく立場としてコメディカル部門の役割を担っている。また、病院経営に直結する診療報酬データの集計分析を行うことからマネジメント部門の役割など2つの側面を有していると考えられる。

2　診療情報管理業務の現状と課題

　病院運営に必要不可欠な多様な業務を担っている診療情報管理部門とはいえ、体制整備や人的配置が潤沢であるとは言い難く、限られた人員により業務遂行されているのが実情であろう。また、診療情報管理部門は医師や看護師など医療従事者、医事課や情報管理室など事務管理部門や情報管理部門、さらには院長、事務部長など幹部職員など全病院的に広く関わっている。図1-23に示すとおり、日本病院会の調査(2008年)によれば、診療情報管理に関する最大の問題点は「④医師の理解と積極的な協力が得られないこと」(2004年22.5％、2007年20.1％)があげられた。医師は診療録や退院時要約など記載、診療録の監査など診療に係る一連の事務的な業務も多く、多忙を極めている。さらにDPC対象病院においては「様式1」の記載が必要となるなど医師の関わりが質的量的ともに増加してきたことが背景となり、医師の理解が得られず苦慮しながら業務に携わっている現状も浮

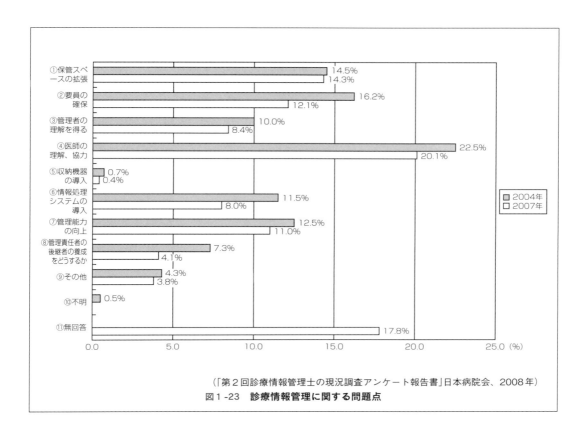

（「第2回診療情報管理士の現況調査アンケート報告書」日本病院会、2008年）

図1-23　診療情報管理に関する問題点

き彫りにされた。2008年度より医師事務作業補助体制加算による評価がされたこともあり、医師の負担軽減を図りながら、精度の高い診療情報の構築に努めることが必要である。

　その他の問題点としては、「①保管スペースの確保ができないこと」（2004年14.5％、2007年14.3％）があげられた。増え続ける診療録を適切に保管・管理するためには最低限度の保管スペースの確保が必要であるが、病院規模に関わらず収納場所の確保は多くの病院が抱えている課題となっている。さらに、診療情報管理部門の業務以外にも委員会活動や教育研修活動などの業務が増えているにも関わらず、配置される人員は限られているため人的な余力がないことも問題点としてあげられている。

　また、診療情報管理士の専門性を活かせている知識として、2016年度は「医学的な知識」（62.8％）、「ICDの知識」（54.9％）、「診療記録に関する知識（52.3％）などが上位を占めたのに対し、2019年度調査においては新たに「DPCの知識」「がん登録の知識」「診療報酬請求の知識」などがあげられた。これらは多くの診療情報管理士がこの領域の実務に携わっていることが回答につながったものと考えられる。

3　これからの診療情報管理部門への期待

　診療情報管理部門は、従来からの診療録の保管・管理およびコーディングに関する業務

だけではなく、これからはCIO（Chief Information Officer）としての役割を果たすことが期待される。CIOは企業において自社の経営理念に合わせて情報化戦略を立案、実行する責任者（最高情報責任者）と定義されている。病院組織におけるCIOの役割を果たすためには、医学の知識を有し、マネジメントの理論を体系的に理解することが重要である。具体的には、医師、看護師、コメディカルなど医療スタッフとともに診療内容の充実を図り、質の高い医療を実践していくためには、臨床的知識の習得は必須事項であり、経営管理部門とのコーディネーター的な立場としてプレゼンテーション能力も求められる。また、病院経営管理に有用な情報提供を行うためには統計学的手法が活用できる実践的なスキルを身につけておくことが望ましい。診療情報管理者はCIOとしての職責を担い、良質で安全な医療の提供を行うことが重要であり、医療の質と経営の質がともに向上することを目標に業務遂行にあたることが期待される。

問題
1

医師の診療業務の特殊性に該当しないものを1つ選べ。

[選択肢]

①公共性

②不確実性

③協調性

④高度の専門性

⑤技術革新と水準向上

確認問題

解答 解説

 ③

解説
1

医師の働き方改革に関する検討会報告書のうち、「医師の診療業務の特殊性」について まとめられたものから出題した。③は該当しない。

［参考資料］

厚生労働省、医師の働き方改革に関する検討会　報告書の概要

https://www.mhlw.go.jp/content/10800000/000496523.pdf

問題 2 　診療録管理体制加算1に定められた施設基準に該当するものを1つ選べ。

[選択肢]

①過去5年間の診療録・手術記録・看護記録等のすべてが保管・管理されている

②年間退院患者5,000名ごとに1名以上の診療記録管理者が配置されている

③入院患者および外来患者についての疾病統計にはICD分類がなされている

④退院時要約は毎月9割以上が退院日の翌日から起算して7日以内に作成されている

⑤患者に対し診療情報の提供が現に行われている

解答2　⑤

解説2

①手術記録・看護記録等は過去3年間の保管・管理が義務づけられている。

②年間退院患者は5,000名ではなく、2,000名である。2,000名ごとに1名以上の専任・常勤が必要で、うち1名以上が専従でなければならない。また、専従の診療記録管理者は、医師事務作業補助者を兼ねることはできない。

③ICD分類による疾病統計は入院患者が対象で、外来患者は対象外である。細目分類については、ICD10に従う。

④起算後7日以内ではなく、14日以内である。

⑤選択肢のとおり。

[参考資料]

診療点数早見表、基本料の施設基準等、診療録管理体制加算1（医学通信社）

第2章

物品管理

物品管理（1）組織の体制整備

1　病院における物品管理の必要性

　昨今、厳しい病院経営が指摘されるなか病院の運営に携わる事務職としては、業務の効率化を通じて適正な利益の確保を図ることが求められる。従来までの右肩上がり診療報酬に支えられた収益拡大による利益増加は期待できず、出来高払い制から包括払い制への移行とともに、費用縮減が病院経営にとって重視される時代となった。仮に、経営改善を目的として、医業費用の適正なコントロールを図るとすると「給与費」、「材料費」など、どのような費目を優先的に検討するのが望ましいのであろうか。

■（1）給与費（人件費）

　一般に経営資源といえば「ヒト、モノ、カネ」の3要素をあげることが多いが、特に病院運営においては「ヒト」の管理に重点が置かれている。理由として、費用のうち人件費がもっとも高く、1つの目安として人件費率が50％を超えると経営が困難になるといわれていることがあげられる。そうであれば、病院実務においてはもっとも金額の高い「人件費」のコントロールを優先すべきであると考えられる。しかしながら、病院組織は医師、看護師、コ・メディカルなど多数の医療専門職から構成されており、診療業務を遂行するためには必要な医療スタッフを配置することは避けられない。さらに、医療法や診療報酬の施設基準要件などの法的基準により病院に配置すべき必要な人数も定められているため、病院側の判断により人員調整を行うことは困難である。労働集約型の病院組織においては人件費の削減による利益増加を期待することは難しいといえよう。

■（2）材料費

　人件費の次に高い金額が計上されている費目は「材料費」である。材料費には医薬品費、診療材料費、食事材料費、医療消耗品費などが該当している。人件費の管理と異なり、材料費を管理していくうえでは法的基準や施設基準要件は比較的少ないと考えられる。また、物品の購入努力や適切な在庫管理による費用縮減は診療部門へ与える影響も少ないことから、病院実務の観点から優先度の高い費目であると考えられる。

2 物品管理部門の組織体制

　病院組織からみた物品管理部門の位置づけは、病院規模および病院の機能により異なる。一般には事務部門のなかに「用度課」、「用度・管理課」、「物品管理課」などの名称で示されていることが多い。

　図2-1は病院組織図のうち事務部門のみを記載したものである。ここでは、総務課、経理課などと同様に用度課という1つの独立した課が設けられ、物品の購入、管理などが所掌業務となっている。

　病院規模が大きい組織は、用度課の下部組織に「購買係」、「医療材料係」などの独立した2つの係を設置し、医薬品と医療材料など取り扱う種類を区分して各係の業務区分を行っているところもある。一方、病院規模が小さい組織は、総務課のなかに総務係、経理係、用度係など係の単位として設置している。いずれの組織においても会計責任者の管理監督のもとに物品の購買および保管業務などの業務範囲が明確化されていることが重要である。また、法人本部が傘下の病院や診療所などの物品を共同購入している組織においては、本部組織と病院組織との業務が混在することがないように、対象物品または予定価格などから指揮命令系統を明らかにしておかなければならない。さらに、選定業者の決定に関する権限や供用先における保守管理など組織体制とともに運用管理規程の整備が重要である。

3 物品管理に関する規程

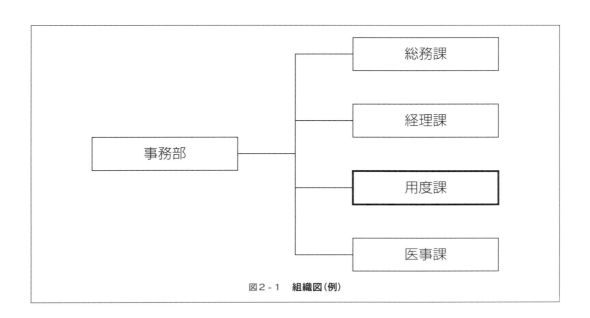

図2-1　組織図（例）

　物品管理における取り扱いは購入手続きの明確化、適正な在庫管理などがあげられる。物品購入に関する責任者と担当者が明確に定められており、適切に執行される仕組みがあることが重要である。また、事業計画に沿った物品購入計画や予算立案が実施されており、購買業務の担当者だけでなく医療スタッフを含めた委員会を開催することにより購買の中央化を図り、物品購入の標準化に努める。また、適切な在庫管理を行うという観点からは、定期的な実地棚卸を行い、余剰在庫や期限切れの在庫が生じないように適正な在庫量を定め継続した管理が必要である。

　これらの業務が円滑に遂行されることを目的として、病院では「物品管理規程」が定められ、この規程に沿った運用が実施されている。図2-2は、自治体立病院における物品管理規程を抜粋したものである。第1条（趣旨）には、「物品の取得、管理及び処分に関すること」をこの規程の範囲として定め、第2条（定義）には、この規程における「物品」の範囲を定めている。購入担当者や購入手続きは第3条から第4条に記載され、物品の種類や価格等により区分されている。また、物品購入後の保管については、第8条以降により、物品の種類、保管場所等に応じて保管者が設置され、保管方法や補給手続き等が定められている。これらの規程に応じた運用マニュアルを作成し、円滑な病院実務を行うとともに、効率的な病院運営につなげていくことが重要である。

第1条	趣旨	第11条	医薬品、試薬、保存血、診療材料、医療消耗備品、消耗備品及び消耗品の保管者
第2条	定義	第12条	医薬品の保管
第3条	物品の購入手続担当	第13条	〃
第4条	物品の購入、発注	第14条	〃
第5条	特別発注	第15条	補給手続
第6条	検収	第16条	物品の修繕
第7条	表示	第17条	物品の返納
第8条	医療器機備品及び備品の保管者	第18条	委任
第9条	医療器機備品及び備品の保管		
第10条	〃		

図2-2　自治体立病院の物品管理規程（抜粋）

② 物品管理（2）購買管理

1 購買管理の目的

　購買管理の目的は、病院の購入する機械、材料に関する情報を適切に分析、評価し、病院の保管や資金の条件を考慮に入れながら、病院のニーズにもっとも適した総括的な観点から購入を行うことである。病院で使用される物品は、医薬品をはじめ診療材料、医療用消耗品、検査試薬、給食材料など種類、数量、品目など多種多様である。また、価格的にも高額な医薬品や診療材料を購入する一方で、医療用・事務用消耗品など安価な物品も存在する。医療機器の進歩は目覚ましく、これに対応する材料や薬品などの移り変わりも早い。さらに、診療業務に支障がないように一定の在庫を抱えておく安全性を考慮することも必要である。このように、病院の特性を理解したうえで、機器や材料の合理的な購入、経済的な運用、物品の請求や補給サイクルの標準化を図ることなど事務部門においてマネジメントを行うことは病院経営の観点からは重要である。

2 購入先の選定と購入手順の適切性

■（1）購入先の選定

　物品購入の業務を行う場合には、①適正な品質、②数量、③納入時期、④購入代金（価格）、⑤納品場所など５項目を明確にしておくことが重要である。診療部門からの購買依頼に対しては、材料や部品に関する仕様を明確にしておくことがあげられる。また、診療業務に悪影響を及ぼさないように納品に関する緊急度を考慮しながら納入時期を購入先業者と交渉することになる。

　病院組織においては物品購入に関する委員会が構成されている。医薬品や医療機器などの購入にあたっては、委員会で仕様が検討され、現場スタッフの意見を聴取したうえで検討する仕組みが取り入れられている。薬事委員会や診療材料委員会、医療機械選定委員会等の名称により定期的に委員会が開催され、審議の結果、購入すると判断された場合は用度課等において購入手続きを行うことになる。

▌(2)適切な購入手順

　物品の発注から納品までの購買業務は、中央一元化されていることが重要である。物品請求を行った部門が直接発注するのではなく、購買依頼に基づき、指定された仕様の材料や部品の適切な購入先を選定し、見積書の提出を求める。価格、品質、納期等を検討し、もっとも有利な条件のところを購入先として決定する。用度課担当者は物品の用途や製品の性格等に精通していることが望ましく、他の病院との情報交換を行うことも有益である。また、納品後の検収は発注担当者ではなく検収担当者が行うことにより内部牽制機能が働くシステムが望ましい。発注担当者が用度課職員であれば、検収担当者は請求部門（現場スタッフ）が立ち合うことができるような仕組みである。このように、一連の購入手続きは用度課において適切なプロセス管理のもとに運用されることが重要である。

3　価値分析による管理方法

　病院経営の観点からは経済性を考慮したうえで必要なものを必要な時に購入することが効率的な物品購入管理といえる。用度課職員は、価値分析（VA：Value Analysis）による管理方法を用いて次の6項目について分析、検討することが望ましい。

　第1は「必要性」である。不要なものではないだろうが、本当にその物品が必要なのかという観点から検討する。第2は「効率性」である。物品の購入により業務の効率化が図られるとしたら、どの程度の効果が得られるのか定量的に示すことは重要である。第3は「収益性」である。病院経営にとってどれだけの収益が得られるのか、逆に、その物品を購入しなければどれだけの損失になるのかを検討する。第4は「使用の満足度」である。診療部門の現場スタッフなど発注者の立場から使い勝手がよいかどうかについて意見を聴取しておく。第5は「経済性」である。同じ仕様を持つ物品を購入する場合は、購入価格および保守経費など該当物品に関する一連の費用を考えた場合に安価であることが望ましい。第6は「標準化」である。物品の標準化には、使用の標準化、供給の標準化、購買の標準化、在庫の標準化などがあげられる。

❸ 物品管理（3）在庫管理

1 在庫管理の目的

　病院には診療業務に必要とされる医薬品、診療材料など多種多様な種類、品目が在庫として管理されている。在庫をゼロにすることは現実的には不可能であろうが、必要な物品が常時保管されていることを疑うことなく日常業務に携わっているのではないだろうか。診療部門から購買依頼をされる「業務上必要な物品」は本当に必要なのか、また、その物品の購入数量は適正なものと考えてよいのだろうか。用度課が所管する中央物品倉庫の在庫が適切に管理されていたとしても、物品の払出し後に消費部門の保管場所となる病棟倉庫などでは必要以上の在庫が生じることも多い。末端在庫を把握することは余剰在庫、期限切れ在庫を未然に防止するとともに、定期的な現地確認は病棟など発注部門に対する意識づけにつながる。病院内に保管されるすべての在庫を最適な質と量の状態で維持・管理することが在庫管理の目的であると位置づけ、用度課など物品管理を担当する事務職は、医療の質と同様に「経営の質」の観点から業務遂行を心がけることが重要である。

2 供給管理と在庫管理

　在庫管理に関する主たる業務は適正な在庫量の把握があげられる。病院内の各部門や部署ごとに使用される物品の特性に着目した適切な供給方法と在庫管理のルールを定めることが必要になる。

　物品の供給方法は消費部門から定期的に物品請求伝票に基づく物品請求方式が採用されているのが一般的である。しかしながら、各消費部門の担当者が、残り少なくなってきたと思われる物品を目視で確認し、経験則を頼りに、補充したい物品の品目や数量を伝票に記載しているのではないだろうか。消費部門において特段に意識することなく物品を請求していくことは、結果的には全病院的にみると過剰在庫につながっていくことが予想される。

　病院運営においては、中央在庫に限らず、部門ごとに適正在庫量が定められており、補充方法の時期や手順などが明確にされていることが望ましい。また、継続して適正な在庫量を把握するためには定期的な見直しが求められる。在庫管理の重要性を意識し、貴重な

物品がデッドストックにつながらないようにしなければならない。

3　物品の供給方式

　病院で使用する物品の供給方式は、その物品の特性を理解したうえで効率的な運用システムを採用することが必要である。各供給方法には長所短所があるため、病院の規模や運用体制を鑑みてもっとも適切な供給方法を選択することが望ましい。主な供給方式として下記7項目を示す。

①請求補充方式（伝票請求方式）

　使用部門から物品請求伝票により中央供給部門へ請求するという一般的な方法である。使用部門での過剰在庫が発生しないように留意する必要がある。

②定数補充方式

　物品の種類と数量を定数として設定し、使用された物品の数量に応じた補充する方法である。使用部門別の供給量の把握および在庫の適切な管理を行うことができる。

③アリバイガイド方式（定量補充方式）

　あらかじめアリバイガイド・カード（レベルカード）を準備しておき、一定の使用量に達した場合にカードが現れてくる仕組みである。伝票処理が不要になり、中央倉庫の在庫量を適切化できる。

④都度補充方式

　補充時期が到来するまでに在庫がなくなった場合に、その都度、個別に補充する方式である。常時使用しない特殊な物品の場合に適している。

⑤カート交換方式（定数交換方式）

　専用のカート内に物品の種類別に定数が定められセットされている。一定期間ごとに各部門で使用したものとカートごとに交換する方式である。伝票処理が不要であり、適切な在庫が維持管理される。

⑥定数パック補充システム

　メーカーでの梱包のまま供給する方法、または供給部門で一定の数量にパックし直して供給する方法である。

⑦ケースカートシステム（トレーセット交換方式）

　中央滅菌部門において手術単位で器材を組み立て、滅菌し、トレーごとにセットしてカートで供給する方法である。

物品管理（4）ABC分析

1 ABC分析に基づく管理方法

　病院における物品管理は多品種少量という特性があり、また高価なものから安価なものまで多岐にわたっている。さらに、診療材料は新しい種類や型番の物品も多く、過剰在庫や期限切れ在庫を生みださないようにしなければならない。物品の保管・管理が重要であるということは理解したとしても相当数の物品を一律に管理することは現実的には難しく、物品の重要度に応じた管理方法を選択することが適切である。医薬品や医療材料のなかには、一定期間の消費量は相当な数量になるが金額は少額となるケースがある一方で、消費する数量は少ないにも関わらず巨額になるケースもある。そのため、効率的な在庫管理を行うためにはABC分析を実施することが望ましい。

　ABC分析は、1951（昭和26）年に米国G.E社のH.F.ディッキーにより開発された在庫管理技法である。物品の種類や品目が少なく、価値の高い物品を重視し効果的な在庫管理を行うことから、重点管理方式といわれる。ABC分析は、①Ａグループ：物品の消費金額が非常に大きく重点的管理、②Ｂグループ：Ａグループに次いで消費金額が大きく比較的重点をおく中間的管理、③Ｃグループ：物品の消費金額が小さいためなるべく手間をかけない省力的管理など３つに分類される。

2 ABC分析の手順

　ABC分析手法は簡便に行うことが可能であり、グラフ化することで視覚的にもわかりやすいというメリットがある。例として、**表2-1**に示す20品目のデータを対象としてABC分析の手順を記載する。

　次に述べる①〜⑤の手順に沿って一覧にしたものが**表2-2**である。
①品目を単位として消費金額の大きい順に並べる
②全品目の消費金額の合計を計算する（総消費金額）
③品目別の累計金額を算出する
④品目別に総消費金額に占める比率（累積構成比率〈％〉）を算出する
⑤累積構成比率が70％までをＡグループ、90％までをＢグループ、それ以上をＣグルー

表2-1　**品目別消費金額一覧表（1）**

品目	消費金額（円）	品目	消費金額（円）
品目01	1,000,000	品目11	85,000
品目02	40,000	品目12	100,000
品目03	450,000	品目13	36,000
品目04	830,000	品目14	150,000
品目05	6,200,000	品目15	2,500,000
品目06	20,000	品目16	58,000
品目07	18,000	品目17	710,000
品目08	4,000,000	品目18	43,000
品目09	15,000	品目19	22,000
品目10	300,000	品目20	28,000

表2-2　**品目別消費金額一覧表（2）**

品目	消費金額（円）	累計金額（円）	累計構成比率	ABC分析
品目05	6,200,000	6,200,000	37.3%	A
品目08	4,000,000	10,200,000	61.4%	A
品目15	2,500,000	12,700,000	76.5%	B
品目01	1,000,000	13,700,000	82.5%	B
品目04	830,000	14,530,000	87.5%	B
品目17	710,000	15,240,000	91.8%	C
品目03	450,000	15,690,000	94.5%	C
品目10	300,000	15,990,000	96.3%	C
品目14	150,000	16,140,000	97.2%	C
品目12	100,000	16,240,000	97.8%	C
品目11	85,000	16,325,000	98.3%	C
品目16	58,000	16,383,000	98.7%	C
品目18	43,000	16,426,000	98.9%	C
品目02	40,000	16,466,000	99.2%	C
品目13	36,000	16,502,000	99.4%	C
品目20	28,000	16,530,000	99.5%	C
品目19	22,000	16,552,000	99.7%	C
品目06	20,000	16,572,000	99.8%	C
品目07	18,000	16,590,000	99.9%	C
品目09	15,000	16,605,000	100.0%	C
合計	16,605,000			

プと設定する。

　図2-3は、これらのデータからグラフ化したものである。横軸に品目、縦軸に金額と比率を示している。棒グラフの左側は品目別の消費金額、右側は累計金額を示し、累積構成比率は折れ線グラフで表されている。品目05はもっとも消費金額が高く620万円となり、全体の37.3％を占めている。次に高額な品目08は400万円である。この2つの品目の累積金額は1,020万円となり、累積構成比率は61.4％と求められる。以降同様に、品目15を含めた3つの品目の金額は1,270万円、構成比率76.5％となる。これらの結果、累積構成比率70％までの2品目がAグループに該当することがわかる。また、累積構成比率70％から90％までには3品目が該当し、Bグループとして構成され、その他の15品目はCグループとして整理される。

　ABC分析後の実務としては、Aグループの物品は定期発注方式を採用し、定期的な棚卸しの実施を行うことを通じて、正確な数量を把握することが望ましい。Bグループは定量発注方式を採用し、安全在庫水準を下回った時点で一定量の発注を行うなど中間的な管理を行う。また、Cグループは低い管理コストで運用できるよう在庫水準を高めに設定することにより省力化を図る。

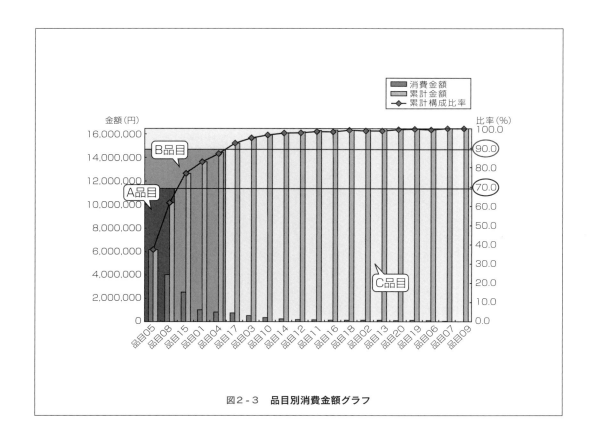

図2-3　品目別消費金額グラフ

3　診療材料調査に関するABC分析

　本稿では、筆者が手術部門における診療材料調査を実施した事例を参考に、ABC分析の具体的な手順および結果について言及する。

　まず、調査の前段階として、調査対象とする部門を特定するために自院での材料費が医業収益に占める比率および部門別の材料費の構成比率について把握しておくことが重要である。次に、実際に調査を行うための調査期間を決定することになる。着眼点としては、自院において消費される品目数や1品目当たりの消費数量などから検討する。例えば、手術の実施状況に応じて診療材料が消費量も変化することが予想されるため、自院での術式別の手術数を把握し、おおむね1クール回転していると判断できる期間がポイントとなる。最低限1か月分が調査対象期間となるが、精度を上げるためには3か月程度の期間を設定することが望ましい。

　図2-4に、手術部門における診療材料調査の結果を示す。手術部門163品目を対象にABC分析を実施した。Aグループは28品目、9,285万5,000円となり、Bグループは34品目、2,695万1,000円、Cグループは101品目、1,351万6,000円となった。この結果から、総品目の2割弱（17.2%）となる28品目を重点管理することにより、総金額の約7割、1億円（69.6%、9,285万5,000円）を把握することが可能になると考えられる。また、総品目の38%を管理することにより、総金額の9割を把握できるといえる。

　以上のことから、ABC分析の活用は物品の重要度に応じた管理が可能になり、業務の効率化を図る有益な手法であるといえる。

区分	品目				金額			
	数量	比率	累積数量	累計構成比率	金額（円）	比率	累計金額（円）	累計構成比率
Ａグループ	28	17.2%	28	17.2%	92,855,000	69.6%	92,855,000	69.6%
Ｂグループ	34	20.9%	62	38.0%	26,951,000	20.2%	119,806,000	89.9%
Ｃグループ	101	62.0%	163	100.0%	13,516,000	10.1%	133,322,000	100.0%
合計	163	100.0%	－	－	133,322,000	100.0%	－	－

■総品目の17.2%（28品目）を重点管理することにより、金額の69.6%
（1億円弱）を把握することが可能と考えられる。

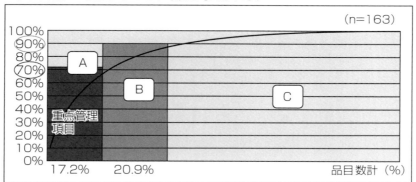

図2-4　ABC分析（手術部門の診療材料調査）

5 物品管理（5）物品に関する統計指標

1　病院会計の勘定科目としての材料費

　病院経営の観点から医業費用の把握は重要であり、特に材料費の適切な管理することは必要不可欠である。病院会計における勘定科目として、（1）医薬品費、（2）診療材料費、（3）医療消耗器具備品費、（4）給食用材料費など4項目について概要を述べる（表2-3）。

■（1）医薬品費

　投薬用薬品、注射用薬品、外用薬など医薬品に関する勘定科目である。当期の医薬品費は次の算出式「期首医薬品費棚卸高＋当期医薬品仕入高－期末医薬品費棚卸高」により求められる。材料費に占める比率が高い医薬品費は購買管理および在庫管理が重要となるため、病院実務においては薬剤部門と事務部門における円滑な業務遂行がポイントとなる。医薬品の発注から納品の確認、診療部門での消費と在庫の状況など一連の業務に対して、薬剤部門と事務部門の役割分担を明確にしたうえで相互の連携が求められる。

表2-3　材料費の説明

勘定科目	説明
医薬品費	（ア）投薬用薬品の費消額 （イ）注射用薬品（血液、プラズマを含む）の費消額 （ウ）外用薬、検査用試薬、造影剤など前記の項目に属さない薬品の費消額
診療材料費	カテーテル、縫合糸、酸素、ギブス粉、レントゲンフィルムなど1回ごとに消費する診療材料の費消額
医療消耗器具備品費	診療、検査、看護、給食などの医療用の器械、器具及び放射性同位元素のうち、固定資産の計上基準額に満たないもの、または1年内に消費するもの
給食用材料費	患者給食のために使用した食品の費消額

出典：高田幸男著『よくわかる病院会計の勘定科目』中央法規出版、2005年

■（2）診療材料費

　カテーテル、レントゲンフィルムなど診療材料に関する勘定科目である。診療材料の管

理は病院の規模や診療科の設置状況または手術手技などの違いにより品目数や消費数量が異なるため、自院に適した管理形態を検討することが望ましい。診療材料は1個当たりの単価が高額ではあるが消費数量は少ない品目と、廉価な品目ではあるが消費数量が多いものなど多種多様であるため、ABC分析を活用することも一方法である。

■（3）医療消耗器具備品費

医療用の器械、器具および放射性同位元素のうち固定資産の計上基準額に満たない比較的少額なもの、または耐用年数が1年未満のものを対象にした勘定科目である。具体的な金額は病院の開設主体による会計処理基準に準ずるとされている。

■（4）給食用材料費

患者給食のために使用した材料費に関する勘定科目である。病院組織のうえでは、患者の給食に係る業務は栄養管理室が所掌している場合が多いことから、患者給食のための必要な材料についての購買管理や在庫管理は栄養部門と事務部門の連携調整が必要になる。

2　材料費に関する統計指標

医事業務であれば患者数や診療点数の月次統計を作成し、時系列比較や同規模他病院比較などにより適切な管理状況に努めるのと同様に、材料費についても統計資料の作成と分析評価が必要である。ここでは代表的な3つの指標について述べる。

■（1）材料比率

材料比率＝材料費／医業収益×100

医業収益に対する材料費の割合を示す指標である。この式の分子の材料費を医薬品費、診療材料費、医療消耗器具備品費、給食用材料費などに置き換えることにより、各項目に応じた比率が計算できる。病院経営実態調査報告（2008年）によれば、一般病院の材料費率の平均値は26.9％となっている。そのうち医薬品費は16.0％となり、約6割を占めていることがわかる。また、開設者別にみると大学病院がもっとも高く材料比率は35.3％を占めており、もっとも低い私的病院22.8％に比べ12.5ポイントの差が見られる。材料比率の数値は、病院規模、外科系診療科や特殊病棟の設置状況、または実施している手術の種類や件数などに影響する。さらには、院外処方箋の実施状況や後発医薬品の使用など病院の機能や運用状況などを考慮したうえで、自院における適切な数値を導くことが望ましい。

(2) 在庫回転率

> 在庫回転率＝年間購入高／年度末棚卸高

　在庫回転率は、在庫が一定期間に何回転したかを示す指標である。この回転率が高いほど売上に対する在庫量が少なく効率的に管理されている。ここで一定期間とは月次や年次における期首から期末までの期間を指している。年度末だけではなく、できるだけ月次単位で定期的な在庫回転数を把握しておくことが望ましい。

(3) 死蔵品率

> 死蔵品率＝不要品在庫高／在庫品高×100

　死蔵品とは、長期にわたり在庫されていた物品が期限切れ在庫となり、最終的には廃棄処理を行うことになったものであり、いわゆるデッド・ストックのことをいう。病院実務においては中央倉庫から払出した後、病棟倉庫など消費部門での在庫として保管され、いつの間にかデッド・ストックにつながるケースがあろう。用度課担当者は台帳管理での把握だけではなく、物品の消費状況と定期的な現地確認などによる在庫管理を行うことによりデッド・ストックの防止を図る。物品に関する統計においては、医薬品および診療材料などの年間廃棄額や年間廃棄率等の指標を算出しておくことも重要である。

施設・設備管理（1）組織の体制整備

1　施設・設備の管理体制

　病院経営においては、施設（ファシリティ）は重要な経営資源である。また、健全な施設がなければ、健全で適切な医療サービスの提供は不可能である。

　しかしながら、従来の施設維持管理では、施設の問題箇所の修繕や設備の日常点検などの営繕業務が中心であり、また、清掃・保安業務などを含めた施設設備管理業務（以下、FM〈Facility Maintenance〉業務）が個別に委託されることが多く、経営的、かつ、全院的なFM業務が実施されていなかった。電気、ボイラー、空調などは、診療行為に大きな影響を与える。そのため、病院にFM業務管理責任者をおき、年次保守管理計画を作成し、それをもとに保守管理が適切に行われることが必要である。

　また、今日では、FM業務に関するデータの一元管理をコンピュータで行い、効率的に業務を行う取り組みがなされている。

2　管理責任の明確化

　従来のFM業務は、病院の縦割組織のもとで運営、あるいは委託されていたため、業務が非効率であり、また、各業務の間に狭間が生じ、必ずしも弾力的で柔軟な対応が図られていなかった。この弊害をなくすために、病院全体のFM業務を掌る管理責任者を定め、責任区分を明確にし、建築物保全・建築設備保守管理・環境衛生管理・清掃業務・保安警備・ビルマネジメント業務および医療ガスの供給設備の保守点検業務などを、図2-5のように一元的に管理することが望ましい。

　管理責任者は、年次保守計画を委託業者から提出された書類のままではなくて、病院の全体スケジュールとして病院全体の業務と調整を行ったうえで作成する必要がある。また、定期的にFM業務全体会議を開催し、各業務間の情報の共有化および連携の強化を図る。さらに、職員の意識レベルを同一とするために、様々な事態を想定したFM業務共通のマニュアルを作成し、教育や訓練を実施し、実際の業務に活かすことが重要である。

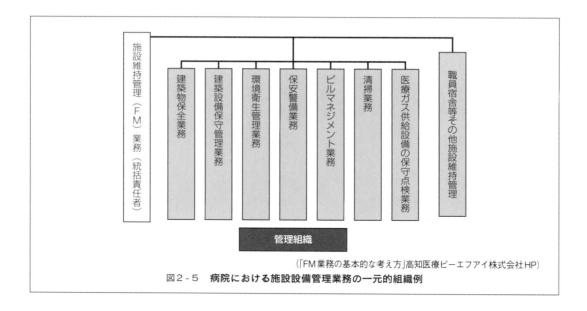

（「FM業務の基本的な考え方」高知医療ピーエフアイ株式会社HP）

図2-5　病院における施設設備管理業務の一元的組織例

3　「レジオネラ症予防指針」による設備の保守管理

　レジオネラ症とは、レジオネラ属菌による感染症で、そのうちレジオネラ肺炎については、症状のみで他の肺炎と鑑別することは困難であるうえに、病勢の進行も早いことから、死亡または重篤な結果にいたる可能性がある。

　レジオネラ属菌は、入浴設備、空気調和設備の冷却塔、給湯設備などの水を使用する設備に付着する生物膜に生息する微生物の細胞内で大量に繁殖し、これらの設備から発生したエアロゾルを吸入することによって感染することが知られている。そのため、衛生上の措置を講ずることによって、これらの設備を発生源とするレジオネラ属菌による感染を防止することが可能となる。

　空気調和設備の冷却塔を発生源とするレジオネラ症は、国内では報告例は少ないが、海外では数多くの集団感染事例が報告されており、感染源として重視する必要がある。冷却塔内では、冷却水が熱を放出してその一部が蒸発するため、冷却水中の炭酸カルシウムやケイ酸マグネシウム等の塩類が濃縮された「スケール」と呼ばれる物質が冷却塔内の充てん剤などに析出して、微生物が付着しやすい環境を作り出す。そのため、スケールの生成を抑制し、除去を行うことが重要となる。

　給湯設備を発生源とするレジオネラ症は、国内では給湯設備が原因と推測される院内感染が報告され、海外では集団感染した事例もあることから、感染源として留意することが必要である。給湯設備においては、湯温の制御がレジオネラ属菌による汚染を防止するうえでもっとも重要となる。また、湯水が貯湯槽や給湯のための配管内で滞留することによってレジオネラ属菌をはじめとする微生物が繁殖しやすくなる。そのため、特に、循環式の

中央式給湯設備においては、同設備に湯水が滞留することを防止するための措置を講ずることが重要である。

4　医療ガスの安全管理について

■（1）適切な保守点検業務の必要性

　医療用ガス供給設備の保守点検は「診療等に著しい影響を与える業務」に定められている（医療法第15条の2・医療法施行規則第4条の6）。そのため、設備所有者には、医療用ガス供給設備に対する「保安管理義務」があること、また、その管理状況は「立入検査」で確認されると規定されている。

　医療ガスの安全管理については、「診療などに著しい影響を与える業務」であるということを常に認識し、「診療の用に供するガス設備の保安管理について」（昭和63年厚生省健康政策局長通知）で示されている「医療ガスの保守点検指針」に従って適切な保守点検業務を行うことが必須である。

　また、上記通知により、医療ガスを使用して診療を行う施設は「医療ガス安全・管理委員会」を設置し、医療ガス設備の保守点検、工事の施工監理を行うことが求められている。

■（2）医療ガス安全・管理委員会について

①安全委員会の設置
　施設長・医師・薬剤師・看護師・事務職員・臨床工学技士
②安全委員会開催
　1回／年開催。また、必要に応じて委員会を開催する
③安全委員会の業務
　・監督責任者、実施責任者の選任
　・選任名簿の設置
　・実施責任者へ保守点検業務を実施させる。点検記録は2年間保存
　・新築、増築、改修工事、および修理等実施の際の厳正な試験、検査で安全を確認
　・院内各部門への医療ガスに関する知識の普及、啓発

施設・設備管理(2) 病院情報システム

1 病院情報システムの運用

　病院情報システムは、非常に多くの部門の多種多様なアプリケーションが複雑に絡み合った総合的なシステムである。病院情報システムに誤りや中断、セキュリティ上の問題が発生すると、診療業務の中断だけでなく、医療事故や医療過誤を招く危険性がある。このため、極めて高い信頼性や耐障害性、また、障害発生時に被害を最小に食い止める様々な機能、万全のサポート体制などが必要となる。そのためには、情報システムのハードウェア、ソフトウェア、およびデータそれ自体の維持管理を確実に行うことが求められる。

(1)ハードウェアの維持管理

　情報システムの管理運営をするためには、システムを構成する機器の種類や役割と設置場所、故障発生時の対応方法、修理に要する時間などについての知識が必要となる。特に病院情報システムの場合、診療は24時間継続しており、システムトラブルのために診療を中断することはできない。そのため、障害が発生した場合のリスクを分析し、事前に対策を講じておくことが必須である。このとき、運用上でもっとも重要なことは、数ある対策のなかで何を選択するのか、ということについて事前に病院長などの管理部門の責任者と相談し、決定しておくことである。そのためには、障害の発生頻度、発生した場合に考えられるリスク、考えられる対策とその費用などを記したリスク表の作成が不可欠となる。

　病院情報システムは、非常に多くの部門の多種多様なアプリケーションが複雑に絡み合った総合的なシステムである。そのため、それぞれの部門の個々の機器の管理担当者とトラブルが発生した場合の手順について、定期的に確認を行うことが重要となる。実際に、部門システムのトラブルがシステム全体のトラブルを引き起こすことも多く、部門システムの管理は、病院情報システムを安定稼働させるうえでの鍵となる。

(2)ソフトウェアの維持管理

　ソフトウェアを維持管理するためには、システム全体がどのような状態にあるのかを確実に把握できる環境整備が必要である。そのためには、システム全体の関係を把握することができる鳥瞰図の作成が重要となる。

　しかしながら、病院情報システムの全体について、このことを即時的に行うことは困難な場合がある。例えば、保険点数改正に伴う点数マスタなどの修正作業時には、時間的余裕がほとんどなく、システム開発を行うベンダですら仕様書の作成は現実的に不可能である。しかし、たとえ事後的な処理となってしまっても、病院情報システム全体がどのような状態にあるのかを完全に掌握しなければ、適切な管理は不可能である。

■ (3)データの維持管理

　病院情報システムの場合、データと運用の継続性は必須事項である。現行のシステムを継続させ、かつ、新しいシステムを設計するためには、データを含め、現行のシステムを完全に把握しておかなければならない。また、データの真正性を完全に担保し、継続させることは困難ではあるが、必須事項である。

　データには、例えば病名コードや点数コードのように、一度定義をされると頻繁には変更がされないデータと、患者の来院履歴のように、時々刻々と追加や修正をされるデータがある。前者はマスタファイル、後者をトランザクションファイルと呼ばれる。マスタファイルについては、バージョンの管理が必須である。

①マスタファイルの管理について

　マスタには、病名や医薬品マスタのようにデータを対象としたものと、医事に関連したほぼすべての業務を司る点数マスタのような運用を対象としたマスタがある。

　前者は、診療データをコード化する際に用いられるもっとも基本的なデータを納めているマスタであり、医療機関を横断した標準化が容易である。実際に、病名、医薬品、医療材料などについての標準コード集は、インターネット上に公開されており、そこからダウンロードをして使用することが可能である。情報の共有化や透明性を求められている現在、これらの標準コードを用いて医療行為の標準化へ結びつけることは非常に重要である。常にその最新情報を入手し、適宜対応することが望ましい。こうした標準マスタの維持管理は、主に使用しているマスタのバージョン管理を行う。

　点数マスタのように業務の運用に直結しているマスタの場合、その維持管理は容易ではない。例えば、保険点数改正などでは、ある日を境に会計上の解釈が異なる。そのため、日によってバージョンが異なる点数マスタを切り替えて使用しなくてはならない場合がある。運用に直結しているため、マスタに含まれる項目の意味、関連するプログラムや変更した場合の影響範囲などを詳細に把握し管理を行う必要がある。

②データのバックアップについて

　破損やコンピュータウイルス感染などの障害に備え、システム全体や保存されているデータを、定期的に別の記憶媒体へ保存する作業がバックアップである。また、大がかりなシステム変更の前にも、移行時のトラブルによるデータの消失などに備え、バックアップを行うのが適当である。

　バックアップ作業を行ううえでもっとも重要な点は、すべてのステップで作業が正しく完了しているか、についての確認である。多くの場合、事前の設定に従って自動的にバックアップ作業が行われる。通常、バックアップ作業は問題なく終了するため、ルーチンワーク化してしまい、往々にして確認作業を行わずに放置されてしまう。しかし、バックアップ作業の重要性を常に念頭におき、チェックリストを作成して、それに従って確実な確認作業を行うことが重要である。特に、バックアップ作業の後にデータの削除などを行う場合は細心の注意が必要となる。また、作業が正常終了したことを確認するだけではなく、データ量などについても確実に管理簿に記載することも肝要である。

2　不具合が発生した場合の院内への告知方法

　不具合が発生した、というネガティブなメッセージを伝えるうえで最優先すべきは、知らされた相手の立場に立ち、望んでいる情報を伝えることである。

　筆者が勤務していた病院で、ある日、病院情報システムの1つである「オーダエントリシステム」で不具合が発生した。幸い診察には影響しない軽微な不具合だったが、一刻も早く関係職員に不具合を知らせようと思い、以下の内容で不具合の発生と問題点を院内に通達した。

　「オーダエントリシステムで不具合が発生しました。問題があるのは○○機能です。現在、原因を調査しています」

　即座に副院長から一報が入り、指摘を受けた。「不具合の報告だけでは、診療現場が不安になってしまう。何が駄目なのかではなく、どこまでが大丈夫かを教えて欲しい」

　診療現場で求めている情報は「システムをどこまで安心して使えるのか」である。不具合が発生した場合は、以下のような伝え方が望ましい。

　「○○システムの不具合が発生しました。△△機能は問題なく利用できます。××機能は問題があり使用できません。現在、原因を調査中です」

　相手が安心できる情報を提供してから、不具合を伝えることが重要である。

8 施設・設備管理(3) サイバーセキュリティ対策

　電子カルテシステムや地域医療情報連携ネットワーク等の普及が進み、情報通信技術は多くの医療機関等において活用されている。その一方で、コンピュータウイルスの感染事案が報告され、医療機関等におけるサイバーセキュリティ対策の充実は喫緊の課題となっている。厚生労働省は都道府県、保健所設置市、特別区と連携し対応を進めるとともに、自治体に対して、①「医療情報システムの安全管理に関するガイドライン」の周知徹底、②情報セキュリティインシデント発生時の国への報告、③情報セキュリティインシデントが発生した医療機関等に対する調査・指導、④医療分野におけるサイバーセキュリティの取り組み(医療セプター)との連携に関する4項目を示した。以下、順に見ていこう。

1 「医療情報システムの安全管理に関するガイドライン」の周知徹底

　医療機関等においてサイバー攻撃を受けた際の非常時の対応については「医療情報システムの安全管理に関するガイドライン　第5版(平成29年5月30日政統発0530第1号)」に定められている。医療機関等がコンピュータウイルス等によるサイバー攻撃を受け医療情報システムに障害が発生し、個人情報の漏洩や医療提供体制に支障が生じる恐れがある場合は、厚生労働省医政局研究開発振興課医療技術情報推進室(以下、医療技術情報推進室)に連絡を行うことが定められている。

　第5版においては、医療機関等を対象とするサイバー攻撃の多様化・巧妙化、地域医療連携や医療介護連携等の推進、IoT等の新技術やサービス等の普及への対応として、関連部分の改定とともに、第4.2版の公表以降に追加された標準規格等への対応が行われている。また、改正個人情報保護法や「医療・介護関係事業者における個人情報の適切な取扱いのためのガイダンス」等への対応に加え、「医療情報システムの導入及びそれに伴う情報の外部保存を行う場合の取扱い」において、本ガイドラインによることとされた。さらに、ガイドラインの対象に病院、一般診療所、歯科診療所、助産所、薬局、訪問看護ステーション、介護事業者、医療情報連携ネットワーク運営事業者等における電子的な医療情報の取り扱いに係る責任者が含まれる旨を明確化し、改正個人情報保護法や「医療・介護関係事業者における個人情報の適切な取扱いのためのガイダンス」等を踏まえた修正が行われている。

2　情報セキュリティインシデント発生時の国への報告

　上記のような医療機関等がコンピュータウイルス等によるサイバー攻撃を受け医療情報システムに障害が発生し、個人情報の漏洩や医療提供体制に支障が生じる恐れがある事案を自治体が把握した場合は、速やかに医療技術情報推進室に報告する。ここでは医療機関等からの報告だけではなく、報道発表やマスコミ報道により把握したケースも含まれる。また、自治体立病院においては、都道府県と市町村とが連携し、国との情報共有に万全を期すようにと強調されている。

3　情報セキュリティインシデントが発生した医療機関等に対する調査・指導

　自治体は、コンピュータウイルスの感染などによるサイバー攻撃を受けた医療機関に対し、必要に応じて、被害状況、対応状況、復旧状況、再発防止策等について調査および指導を行うとともに、その内容を医療技術情報推進室に報告する。また、この自治体による調査・指導は、以下の医療法第25条第１項の立入検査等に基づくものとして、サイバーセキュリティに係る技術的事項について厚生労働省から助言を受けることができる。

●医療法第25条第1項の規定に基づく立入検査要綱（抜粋）

　１【目的】
医療法（昭和23年法律第205号）第25条第１項の規定に基づく立入検査により、病院が医療法及び関連法令により規定された人員及び構造設備を有し、かつ、適正な管理を行っているか否かについて検査することにより、病院を科学的で、かつ、適正な医療を行う場にふさわしいものとすることを目的とする。

　２【検査対象施設及び実施時期】
医療法第25条第１項の規定に基づく立入検査は、医療法に基づくすべての病院を対象とし、原則年１回実施する。

　３【実施すべき事項】
第１表（施設表）の事項及び第２表（検査表）の事項のほか、医療法第25条第１項の規定に基づき、都道府県知事、保健所を設置する市の市長又は特別区の区長が必要と認めた事項

　４【実施の方法】
医療法第25条第１項に基づく立入検査については、都道府県知事、保健所を設置する市の市長又は特別区の区長が任命した医療監視員が各施設に赴き、第１表（施設表）を作成し、Ⅳの検査基準のうち被検査施設の該当する検査項目について検査し、所

要の判定を行った結果に基づき、第２表(検査表)等を作成する。

５【各施設に対する指導等】

都道府県知事、保健所を設置する市の市長又は特別区の区長は、不適合事項がある
ときは、当該病院開設者又は管理者に対して当該事実を通知するとともに、当該病
院開設者又は管理者に改善計画書の提出を求めることも含め、改善のために必要な
指導を行う。

4 医療分野におけるサイバーセキュリティの取り組み(医療セプター)との連携

　医療セプターとは、IT障害の未然防止、発生時の被害拡大防止・迅速な復旧および再
発防止のため、政府等から提供される情報について、適切に重要インフラ事業者等に提供
し、関係者間で共有することにより、各重要インフラ事業者等のサービスの維持・向上に
資することを目的にした枠組みである。現在、日本医師会に事務局を設置し、日本看護協
会、日本病院会等を構成員としてサイバーセキュリティに関する情報共有や演習参加等の
活動を行っている(図２-６)。

　なお、図２-７に示すとおり「サイバー攻撃を受けた場合の対応について(院内掲示用)」
は、サイバー攻撃を受けた場合に備え、医療情報システムの保守会社等の緊急連絡先(社名、
電話番号、担当者名)を記入のうえ、院内に掲示することができる様式が設けられている。
また、医療技術情報推進室の電話番号も記載されているなど医療機関において活用しやす
いものとなっている。

　このように医療機関等において災害、サイバー攻撃等により、医療サービス提供体制に
支障が発生する非常時の場合、事業継続計画(BCP：Business Continuity Plan)に従って
運用を行うことが求められる。ここでは「非常時」と判断するための仕組み、正常復帰時の
手順を設けるなど、判断するための基準、手順、判断者をあらかじめ院内規定により定め
ておくことが重要となる。

名　　称	医療 CEPTOAR
事務局	公益社団法人　日本医師会　情報システム課
概　　要	**1．機能** 　IT障害の未然防止、IT障害の拡大防止・迅速な復旧、IT障害の要因等の分析・検証による再発防止を図り、医療事業者のサービスの維持・復旧能力の向上に資するため、政府等から提供される情報を適切に医療事業者等の間で共有・分析することを目的に、医療分野の「情報共有・分析機能（セプター）」として、「医療 CEPTOAR」を設置。 　以下（1）〜（3）の情報連絡体制等については現状の枠組みをもとに引き続き改善に向けて調整していく。 （1）医療事業におけるIT障害の未然防止、IT障害の拡大防止・迅速な復旧、IT障害の要因等の分析・検証による再発防止のための情報共有及び連携 （2）政府、他のセプター等から提供される情報の構成員への連絡 （3）政府、他のセプター等から提供される情報に関連する事項の情報共有 **2．構成** ●日本医師会、日本歯科医師会、日本薬剤師会、日本看護協会（情報共有機能） ●日本医療法人協会、日本精神科病院協会、日本病院会、全日本病院協会（四病協）（情報共有機能） ●オブザーバー（情報分析機能）として保健医療福祉情報システム工業会 **3．特色・特徴** ●これまでの活動・現行組織を基盤にした実効性のある体制。 ●医療分野の特性として、医療提供体制の構築・維持は都道府県との情報共有体制が不可欠であることから、他の分野ではみられない都道府県との連携が必要。 **4．2017年度の活動状況** ● NISCから提供のあった情報等について、セプター構成員等と共有（随時） ●セプター訓練に参加し、情報共有手段の有効性を検証（2017年8月）。本結果も踏まえ、セキュリティ事案発生時の情報連絡は、迅速性の観点から電話による情報伝達を基本とし、情報を確実に伝達する観点でメールを活用。 ● 2017年度分野横断的演習に参加（2017年12月）。 ●事務局の民間移行と構成の見直し（2018年3月）　　[加盟により17団体に] 　※日本病院団体協議会の加盟団体にも参加依頼中 ●セプターカウンシル運営委員会でセプターカウンシルへの参加表明（2018年3月）

図2 - 6　**医療セプターの概要**

サイバー攻撃を受けた場合の対応について（院内掲示用）

サイバー攻撃（コンピュータウイルスの感染等）を受けた疑いがある場合は、被害の拡大を防ぐため、直ちに医療情報システムの保守会社等に連絡し、指示を仰いでください。
また、診療系情報システムの停止や個人情報の流出等の被害等が発生した場合は、厚生労働省へご連絡ください。

サイバー攻撃で被害
が出た場合の連絡先

医政局 研究開発振興課 医療技術情報推進室 電話：03-3595-2430 平日　午前9時～午後6時

医療情報システムの保守会社 等 緊急連絡先
社　　名： 電話番号： 担当者名：

セキュリティ対策を
徹底し、大切な情報を
守りましょう！

図2-7　院内掲示用のサイバー攻撃を受けた場合の対応

9 施設・設備管理（4）SPDシステム

1　SPDとは

　SPD（Supply Processing and Distribution）とは、病院内で流通する「モノ」とその「情報」等の総合的な管理を行う、1つの手法（システム）である。米国の病院経営コンサルタント、ゴードン・フリーセン（Gordon A.Friesen）が1960年代に「購入物品、滅菌再生物など院内流通物品の管理供給一元化構想プラン」として提唱した概念として日本に紹介されたものである。

　物品の標準化、物流の効率化や業務の平準化を図り、物品管理部門本来の購買管理・在庫管理・搬送管理・消費管理等を一元管理することにより、看護業務からこれらの一連の業務を軽減し本来業務に専念できる看護環境改善を図ったものである。情報の一元化・物流の効率化（搬送の自動化による看護師の雑務軽減）・管理コストの低減を図り、さらなるサービスの資質向上を図る「フリーセン・コンセプト」の中の1つとして提唱されたシステムである。

　現在、日本では「病院内で流通する様々な物品・物流を包括的に管理する業務」あるいは「医療材料の調達・売買を含む外部委託業務」など、多義にわたり解釈されているのが現状である。

　「医療材料・医薬品」に限定して話を進めると、SPD（業務）とは、物流管理業務（医療材料・医薬品等の定数管理、在庫・払出・消費管理、受発注管理業務など）であり、その付随業務として、調達・購買業務（医療材料・医薬品等の価格交渉・決定、一括調達・購買、帳合いなど）がある。

2　SPDの運用形態

▎（1）物流管理業務（SPD業務）

　基本的な運用形態は、次の3つの組み合わせとなる。

①管理業務

　病院が自ら行う「自主管理型」あるいは、外部委託による「管理代行型」

②在庫・保管場所

病院内倉庫の「院内（供給）型」あるいは、ＳＰＤ業者等の倉庫・物流センターの「院外（供給）型」

③管理対象物品

病院が購入した「購入品」あるいは、使用・消費時に所有権がＳＰＤ業者から病院に移転する「預託品」

上記組み合わせ以外に、納入業者が病院に預託するケース、納入業者がＳＰＤ業者に預託しその預託品をＳＰＤ業者が病院に預託するケース、など、多数の運用形態が存在する（図２‐８）。

■（2）調達・購買業務

発注・支払業務簡素化、事務軽減、価格の低減（値引き）、預託などを目的に、医療材料等の購入先をＳＰＤ業者に一本化するものである。納入業者の選定および価格交渉を一任し、購入価格を病院とＳＰＤ業者間で決定するケース、病院と納入業者間で価格決定した医療材料等の伝票を通す（帳合取引）ケースなどがある。

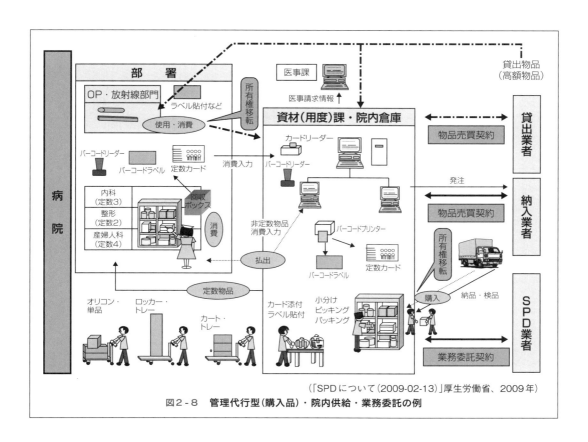

（「ＳＰＤについて（2009-02-13）」厚生労働省、2009年）

図2-8　管理代行型（購入品）・院内供給・業務委託の例

3　SPD普及の経緯

　1980年代後半、サクラ精機とエフエスユニマネジメントが、中央材料室の医療材料管理業務と、医療材料・医薬品・滅菌器材・ME（Medical Equipment）機器（医療機器）の一元的な院内管理代行業務を始めたことが端緒となった。その後、川鉄病院等が病院独自に医療材料の定数管理手法を導入している。

　院外供給・預託型は、1990年代初めに原三信病院で始まる。その後、1994（平成6）年に伊藤忠商事が、1995（平成7）年には三菱商事が参入している。商社の参入に対抗して多数の医療機器販売業が院外供給・預託型のサービス提供を始め、その結果、「院外供給・預託型＝SPD」であるとの認識が広まっている。

4　今後のSPD業務について

　物流管理業務であるSPD業務の本来の目的は、医療材料・医薬品購入総額の削減、看護職の負担軽減、在庫管理・原価管理の徹底・コスト意識の向上、保険請求漏れ防止、発注・管理業務の簡素化・効率化、院内スペースの有効活用などである。今後、さらに求められるのは、患者別・術式別使用・消費情報管理・採算性管理などの経営支援、トレーサビリティ（追跡可能性）等の安全管理であり、将来的には電子発注、EDI取引（Electric Data Interchange：電子取引）の基盤になると期待されている。

　しかし、問題点もある。それは、専門業者が少なく、多種多様な業者が参入している、という点である。具体的には、医療機器販売業、医薬品卸、商社、滅菌、リネン、医療事務、清掃、物流、医療ガスなどの業界各社が参入しており、さらに物流管理システムを提供するソフト会社、システムベンダー（システム販売会社）などを含めると多種多様な業者がSPD業務受託事業に参画している状態である。そのような状況のなかで、参入業者の横断的繋がりが希薄であり、SPD業務の質向上に向けて協調し連携を行うことが困難である、と指摘されている。

　また、調達・購買業務の最大の目的は、「購入価格が下がる」ことにある。しかし、時間の経過とともに値下げも限界に達し、その結果、効果や期待感が薄れることとなり、その評価やモチベーションが低下してしまうことが多い。このことで、本来のSPD業務のあるべき姿を歪めてしまう一因になっている。SPD業務の幅広いメリットをしっかりと認識し、なんのためにSPD業務を行っているのか、という点を確実に理解することが求められている。

10 施設・設備管理（5）IoT物品管理

1 IoTとは

IoT（Internet of Things）は「モノのインターネット」と訳され、「様々な物がインターネットにつながること」「インターネットにつながる様々な物」を指している。パーソナルコンピュータでのインターネットの利用方法は、ウェブサイトの閲覧や電子メールの送受信などが中心となるが、IoTにおけるインターネット利用は、より広範になる。

例えば、IoT電気ポット[*5]は電源を入れたり給湯すれば離れて暮らす家族のスマートフォンへ動作状況が知らされるため高齢者等の見守り機能を有している。また、外出先からスマートフォンにより動作されることができるロボット型掃除機[*6]など家庭用IoTの事例があげられる。

2 ICT・データの利活用に関する4段階

IoT機器は「データの収集と送信」「受信データに基づく作動」を行うが、ICT（情報通信技術）・データの利活用においては、この2つの工程の間に「データの蓄積」「データの分析」が入り、4段階で構成されることがある。

①第1段階：データの収集

IoT機器はセンサーを取り付けることができるため、人間の五感（視覚、聴覚、嗅覚、味覚、触覚）で感知できるような様々なデータを収集することができる。

②第2段階：データの蓄積

IoT機器により収集されたデータはクラウド等のインターネット上のサーバに送信され、保存されることにより、データの集約と蓄積が可能になる。

③第3段階：データの分析

蓄積された膨大なデータを人間やAI（人工知能）等が分析することにより、将来予測や課題解決のヒントが得られるなど有効活用につながる。IoT機器等で収集されたデータは多様、大規模、高頻度（リアルタイム性）などの特性をもつケースが多く、ビッグデータと

＊5　iポット、象印マホービン株式会社、https://www.mimamori.net/product/
＊6　ルーロ（MC-RS800）パナソニック株式会社、https://panasonic.jp/soji/rulo.html

呼ばれることがある。

④第4段階:分析・データに基づく作動

　分析結果や受信したデータを有効活用して、自動的に機器が作動したり、人間の行動が変化したりする。受信したデータに基づいて機械が作動するケースには、動作状況のスマートフォンへの通知、機器やロボットの制御などがあげられる。

3　医療現場におけるIoTの導入と今後の展望

　医療現場において薬剤等の投与前の確認にRFID（Radio Frequency Identificatio）またはバーコードの利用が行われている事例があげられる。看護師等が医師からの指示事項に基づく薬剤を該当する患者に投与するという一連の行為を安全に実施するシステムとして運用されている。患者と薬剤の関係づけを行うものとしてRFIDやバーコードの活用は電子カルテシステムの一つとして構成されているものもあり、未然にミス防止を図り安全管理の観点からも重要である。また、薬品を管理する薬剤部においても薬剤の使用状況がリアルタイムで把握できるメリットは大きい。物品の供給および在庫管理は手作業で行う必要は生じないため、正確かつ効率的な運用を実施することができる。

　医療現場におけるRFIDの応用分野として医薬品に関する管理や高額医療材料に管理など多角的な観点から期待されている（表2-4）。

4　IoTに関する取り組みと産業での利活用

（1）製造業におけるデータの利活用

　製造面においては、製造用機器の動作と不良品の発生データをセンサーから読み取り、製造用機器の保守・メンテナンスの時期や内容を最適化することにより、故障の前に修理できる。また、在庫管理面においては、在庫情報や入出庫情報のデータを収集・分析することにより、作業効率や在庫効率を改善し、費用を削減することができる（図2-9）。このようにIoT・データの活用は全体の傾向を把握するだけではなく、個々の機器や商品に応じた個別対応が可能になるというメリットがある。

（2）医療福祉分野におけるIoT・データの活用

　MediTech（メディテック）と呼ばれる医療分野における活用では、生活習慣や体重等のデータから健康管理を支援するアプリ[7]がある。体重計により測定されたデータは自動的にスマートフォンやパソコンに送信されることにより自己管理が可能になる。また、高

＊7　ヘルスプラネット（株式会社タニタヘルスリンク）http://www.healthplanet.jp/

表2-4　医療現場におけるRFID応用分野

項目	概要
医療機器管理	医療機器を判別するICタグと位置検出用のICタグ／無線LANタグを貼付し、貸出・返却時に医師・看護師が携帯するPDAでタグを読み込み利用登録することにより、利用者の管理と機器の移動状況を管理できる。
空床管理	患者／ベッド／病室内のベッド位置などを判別するICタグを携帯／貼付し、入院、退院、転床、転棟、ベッド移動ごとに看護師がICタグをチェックしていくことにより、現在所在と履歴が管理できる。
医療・服薬支援	投薬時に患者のICタグと医薬品に貼付されたICタグを読み込み、投薬内容（患者、薬品の種類・量）を自動チェックすることで投薬ミスの防止や患者の服薬状況を管理できる。
医薬品のアクセス管理	医療従事者を識別できる認証装置（ICカード、ICタグ等）を用いて、医療材料棚の開錠に関するアクセス権限を管理し、不正利用・無断利用の防止を行う。また、個々の医薬品にICタグを貼付することにより、使用者、使用日時、使用医薬品を関連づけて利用履歴を取得できる。
医薬品管理ー調剤支援	医師が処方する薬を判別できるICタグまたはバーコードを処方箋に貼付することにより、調剤のための医薬品リスト、調剤手順を表示し、調剤の効率向上とミス防止を図ることができる。
高額医療材料管理	病院に入庫された時点で高額医療材料を個品単位で管理を行う。ICタグを各高額医療材料に貼付し、滅菌期限、使用期限等を登録することにより、期限切れによる不良在庫の軽減につながる。棚管理機能を併用することにより、利用状況や在庫量の把握など在庫管理ができる。

出典：第2回「医療分野におけるICTの利活用に関する検討会」議事要旨、資料2-4「RFID技術とその応用」

（筆者一部加筆修正）

https://www.soumu.go.jp/main_sosiki/joho_tsusin/policyreports/chousa/iryou_ict/051215_2.html

出典：総務省　ICTスキル総合習得教材

http://www.soumu.go.jp/ict_skill/pdf/ict_skill_1_1.pdf

図2-9　IoTによる在庫管理

齢者や障害者の事故を防ぐ観点から圧力センサーを搭載したIoTベッド[*8]が病院や福祉施設で活用されている。患者がベッドから起き上がろうとする離床を検知することが可能になり、不慮の事故を防ぐなど安全管理に寄与するものとして期待されている。

[*8]　パラマウントベッド、https://www.paramount.co.jp/

⑪ 施設・設備管理（6）地域医療連携推進法人等を踏まえた共同購入

1 地域医療連携推進法人とは

　医療機関の機能の分担および業務の連携を推進することを目的として2017（平成29）年度から地域医療連携推進法人として認定する仕組みが設けられた。複数の医療機関等が法人に参画することにより、競争よりも協調を進め、地域において質が高く効率的な医療提供体制を確保することが期待されている。

　地域医療連携推進法人は連携を推進する区域（医療連携推進区域）を定め、区域内の病院等の連携推進の方針（医療連携推進方針）を決定する。医療連携推進方針に沿った連携の推進を図ることを目的として行う業務（医療連携推進業務）は、診療科（病床）再編、医師等の共同研修、医薬品等の共同購入、参加法人への資金貸付、連携法人が議決権のすべてを保有する関連事業者への出資等があげられている。

　なお、2019（令和元）年11月29日時点で認定されている地域医療連携推進法人は15法人になっている（表2-5）。

2 医薬品等の共同購入の共同交渉に関する事例

　地域医療連携推進法人への参画は、地域の医療資源を有効に活用できることがメリットになる。厚生労働省の調査によれば、医師や看護師等の医療従事者の派遣・人事交流および共同研修等を実施している法人が多かった。

　そのなかで、愛知県東部地域を中心に急性期医療から在宅医療・介護を含めた新しい医療・ケアモデルの広域展開を進めている尾三会は、医薬品の共同購入、医療機器等の共同購入等に関する業務の連携が行われている。尾三会は藤田医科大学病院を中心とする30もの医療機関が参加している法人である。尾三会事務局ホームページによれば、「医薬品の一括交渉を通じ、グループ内施設の経営の効率化を図ります」とあり、2017年10月より開始した医薬品の一括価格交渉の継続的な実施を通じて、グループ内施設の経営効率化の実現に寄与することや、後発医薬品に関してはフォーミュラリー（後述）への取り組みを進めることで、ジェネリック医薬品の安定供給や効果的な交渉の実現を図ることが示されている。

表2-5　認定されている地域医療連携推進法人（令和元年11月29日現在）

No	名称	認定年月日	都道府県
1	尾三会	平成29年4月2日	愛知県
2	備北メディカルネットワーク	平成29年4月2日	広島県
3	アンマ	平成29年4月2日	鹿児島県
4	はりま姫路総合医療センター整備推進機構	平成29年4月3日	兵庫県
5	日本海ヘルスケアネット	平成30年4月1日	山形県
6	医療戦略研究所	平成30年4月1日	福島県
7	房総メディカルアライアンス	平成30年12月1日	千葉県
8	日光ヘルスケアネット	平成31年4月1日	栃木県
9	さがみメディカルパートナーズ	平成31年4月1日	神奈川県
10	滋賀高島	平成31年4月1日	滋賀県
11	ふくしま浜通り・メディカル・アソシエーション	令和元年10月1日	福島県
12	桃の花メディカルネットワーク	令和元年11月29日	茨城県
13	北河内メディカルネットワーク	令和元年6月12日	大阪府
14	弘道会ヘルスネットワーク	令和元年6月12日	大阪府
15	江津メディカルネットワーク	令和元年6月1日	島根県

出典：厚生労働省、地域医療連携推進法人一覧
https://www.mhlw.go.jp/stf/seisakunitsuite/bunya/0000177753.html（厚生労働省HPを基に筆者作成）

　同様に、医療機器等においてグループ内施設が共通で購入する比較的高額な医療機器および診療材料等についての調査と価格交渉を実施することがあげられている。さらに、自動車リースなど価格交渉を行う対象範囲を拡大することの検討やグループ内施設における給食サービスの共同化の実施など幅広い観点から、経営効率化に向けた取組みが進められている。

3　フォーミュラリーに関する事例

　わが国においてフォーミュラリーの厳密な定義はないが、一般的には「医療機関等において医学的妥当性や経済性等を踏まえて作成された医薬品の使用方針」を意味するものとして用いられている。
　日本海ヘルスケアネットは、山形県北庄内地域の3病院の他に地区医師会、歯科医師会、薬剤師会の三師会、3つの社会福祉法人と1つの医療法人など10法人が参加する地域医

療連携推進法人である。日本海ヘルスケアネットは、病院機構、医師会、薬剤師会等が連携し、病院や診療所が活用する地域全体のフォーミュラリーに関する先進的な取り組みが行われている。

　地域フォーミュラリーの運営は、医師会長、薬剤師会長、総合病院長などをメンバーとする地域フォーミュラリー作成運営委員会において地域フォーミュラリー(案)が作成される。開業医や患者など地域への導入についての説明、啓発活動の企画を行い、地域フォーミュラリー協議会にて審議され、理事会にて承認される運びとなる。対象としている薬剤はプロトンポンプ阻害薬(PPI)、αグルコシダーゼ阻害薬、アンギオテンシンII受容体拮抗薬などの薬効群で地域における推奨薬剤リストが作成されており、日本海総合病院においては一定の導入効果が出ているとされている。

　また、院内フォーミュラリーを作成している事例として、浜松医科大学医学部附属病院では経済性のみではなく、採用薬の治療効果や注意事項を事前に評価したうえで、質と安全性の高い薬物治療を効率的に行うことを使用指針の基準に掲げ、これまでに13薬効群で作成されている。聖マリアンナ医科大学では、重症例や難治症例に対しての有用な新薬を使用できる環境を維持するため、既存治療のある薬剤は費用対効果を重視することを目的に掲げ、薬事委員会の規程に盛り込んでいる。

4　地域フォーミュラリーの地域への影響

　独立行政法人山形県・酒田市病院機構の提供資料によれば、地域フォーミュラリーの地域への影響は次の3点があげられている。

　第1に、患者への影響と可能性である。薬剤が精選され漫然投与や薬剤の成分重複、併用禁忌・注意の回避などポリファーマシーが削減することや医療費の減少に伴い患者負担も減少する。

　第2に、医療機関への影響と可能性である。基幹病院が地域フォーミュラリー参加することにより、紹介・逆紹介など地域連携を通じて薬剤の使用品目が収束の方向に向かう。このことにより患者の管理は効率的になるとともに薬剤費用の節減、在庫減につながる。

　第3に、薬局への影響と可能性である。病院薬剤師と薬局薬剤師の連携が強化される。服薬指導、患者管理の効率化が図られ、精度管理も向上する。薬剤購入の計画性が促進され、多品種少量在庫が見直されるなど適切な在庫管理が期待できる。

12 施設・設備管理(7) 医療トレーサビリティ

1 医療トレーサビリティとは

　医療分野におけるトレーサビリティ(以下、医療トレーサビリティ)とは、製造・流通の過程を経て患者・利用者に供される医薬品・医療機器・医療材料等にかかる積極的な情報開示である。患者や利用者の安全・安心とともに知る権利を保障するなど透明性を確保する。医療現場の負担軽減や効率化、適正な在庫管理を行うことなどを通じて、業務高度化によるアウトカムの向上を図る。また、メーカーや卸しを経て医療・介護施設、薬局などすべての医療サービス提供者の責任も明確にするものである。

　わが国においては医療トレーサビリティの管理は、「医薬品、医療機器等の品質、有効性及び安全性の確保等に関する法律(薬機法、医薬品医療機器等法)」の改正等により進められてきたが、医療トレーサビリティが機能するためには、処方、検査などについてそれに関連する情報を5W1H(「いつ」、「どこで」、「誰が」、「誰に」、「何を」、「どのように」)の収集、管理されることが求められる。医療トレーサビリティ推進協議会は日本の医療に起きている問題点として次の3項目を指摘している。

> ①わが国は標準化された基礎データに乏しく、医療に関する議論を困難なものにしている。
> ②医療安全に対する脅威があり、実際に人的ミスによる医療事故や偽造薬の流通が起きている。
> ③医薬品、医療機器メーカー、卸／ディラーなどの流通側ではGS 1コード(国際バーコード)を利用した製品識別が推進されているが、医療機関や患者では多種類のコードが乱立し運用されている。

　医療現場では院内独自のコードやレセプト電算コードなど様々なコードで運用されている場合が多いという現状が背景にある。そのためGS 1コードの統一によりメーカー・卸・ディラーから医療現場までつなげることが改善方法としてあげられている(図2 -10)。

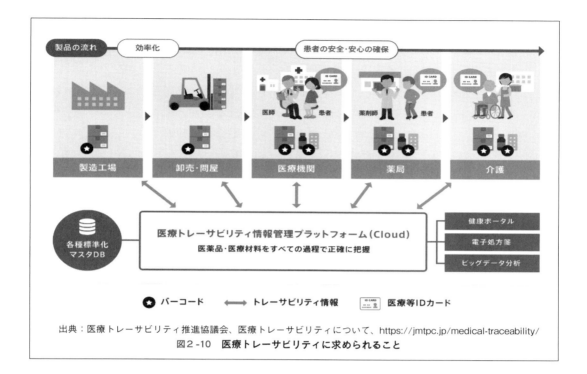

出典：医療トレーサビリティ推進協議会、医療トレーサビリティについて、https://jmtpc.jp/medical-traceability/

図2 -10　医療トレーサビリティに求められること

2　医薬品・医療機器のトレーサビリティの現状と課題

　医薬品、医療機器等にバーコードを表示することにより、医療情報の一部として電子的に医薬品等の使用記録を作成・保存することが可能となる。そのため、回収ロットの追跡や製品の取り違え防止などバーコードが患者の安全対策につながることが考えられるなどメリットも大きい。現状では、医薬品・医療機器へのバーコード表示は行政指導に基づく産業界の取り組みにより一定の普及が進んでいるが、法令上の規定には至っていないため完全な実施とはいえない。

　医療現場などで想定されるバーコードの活用は、①特定の医薬品、医療機器が使用された患者の特定、②回収となった医療機器の院内在庫の把握、③医薬品の調製やピッキング時の取り違え防止、④医薬品、医療機器の使用記録をビッグデータとしてデータ解析に活用、⑤OTCの販売・購入の履歴を電子的に記録することなどがあげられる。

　バーコードは重要な論点であると認識されているが、現実的には医療機関における対応は容易ではないため十分な準備期間を設けるなど表示の義務化にあたっては、製品情報のデータベース登録などを製造販売業者に求めるとともに、医療現場などでバーコードを利用するシステムの実装を推進していくことなどの検討を進めていくことが重要である。

3 トレーサビリティ構築に向けた医療機関の現状と課題

　医療機関に導入されている電子カルテではGS 1 バーコードによる使用材料を管理することは可能であると考えられるが、ロット番号やシリアル番号を記録する機能は見当たらない。トレーサビリティの観点からは購入された医療機器がどの患者に、いつ、どのように使用されたのかという消費に関する情報まで把握しておく必要がある。仮に、電子カルテのマスタ登録を行うことによりシステム的には満たされているとしても円滑な運用の実現は難しいといえよう。

　また、電子カルテシステムにおける材料マスタに関する課題もあげられる。医療機器に関連したシステムでは手術オーダシステム、手術部門システム、医事会計システム、物流管理システムなど複数の関係するシステムのメンテナンスが求められる。

　わが国においては、電子カルテシステムの普及や医療機器の電子化が進んでいるのに対し、バーコードが医療機関内で十分に活用されていない現状がある。医療機関内の情報システムのあり方、医療材料の取り扱い方法など運用面の検討も進めていくことが期待されている。

⑬ 施設・設備管理（8）病院の保安体制

1 医療機関内での犯罪発生状況

　近年、病院内での凶悪犯罪がマスメディアに取り上げられることが多い。警察庁の統計資料によると、2008（平成20）年に、病院あるいは診療所で発生した凶悪犯は35件、その内、殺人が20件、強姦が5件も発生している。このように、保安体制の充実・改善は、従来に増して必要な実状となっており、病院はその対応を行う責務を負っている。しかし、多くの病院では、施設・設備、人員配置などの面で、保安体制の不備が懸念されている。夜間に病院に配置されるのは限られた人数の看護職員である場合が多く、それらの看護職員は、患者のケアのみならず、昼間であれば他の職種が行っている業務や、保安対策面など様々な対応をも求められている状況にある。

　患者に安全な療養環境を提供することは、良質な医療サービスの重要な一要素であり、職員の安全確保も含め、医療機関における保安体制の改善・充実は大きな課題となっている。

2 ゾーン概念によるセキュリティ対策

　病院における犯罪抑止として重要となるのは「ゾーンごとのセキュリティ対策」である。病院はその性格上、完全の確保が困難である。というのも、患者や面会者、関連業者などの不特定多数の人物が24時間365日出入りする環境であり、また、利便性の面から出入り口を複数配置している例も多く、侵入のリスクは他の施設よりも必然的に高くなってしまう。そのため、不特定多数の人物が立ち入ることのできる「パブリックゾーン」とそれ以外の「プライベートゾーン」に分けて考えて、それぞれのゾーンごとにセキュリティ対策を行うことが必要となる。また、場合によっては、病院職員の許可を得て立ち入ることのできる「セミパブリックゾーン」という中間的なゾーン概念を用いてセキュリティ対策を行うことも有効である。

病院内のゾーン分類

　病院内のゾーンについては、次の3つに分けることができる。

①パブリックゾーン

　患者や面会者などの来院者が自由に立ち入ることのできる区域。

　　例）受付、待合室、トイレなど

②セミパブリックゾーン

　患者や面会者などの来院者は、病院職員の許可を得て、立ち入ることができる区域。

　　例）診察室、診療情報管理室、手術室、病棟など

③プライベートゾーン

　基本的に、来院者が立ち入ることができない区域。

　　例）事務所、薬品庫、倉庫、職員更衣室など

　安全管理に関する病院の基本的な考え方および自院のリスク（産科があるなどの病院の診療内容に関わる条件、繁華街が近いなどの地理的条件）を鑑みて、対応のあり方を検討し、出入りや動線を検討する必要がある。また、「患者や面会者の利便性を損なわず、かつ、院外の第三者（不審者）を確実にブロックする」ことを目標として、出入りや動線を工夫することが求められる。その際、警備会社などの専門家に相談することも有効である。

3　安全管理体制に対する病院の方針の明確化

　安全管理に対する病院の方針のあり方を明確化し、病院全体で取り組むべき課題として位置づけることが必要である。前述のゾーンによるセキュリティレベルの考え方を導入し、確実な安全管理を行うためには、ハード面（物理的対策）だけではなく、ソフト面（管理意識、防犯意識）の改善が重要となる。なぜ物理的対策を導入する必要があるのか、あるいは導入することでどのような効果があり、どのようなルールで運用されるのか等、その病院の全職員の意識がなければ、ハード面の導入に多大なコストをかけてもその効果は発揮されない。

　まず、院内で発生する暴力のリスク低減、発生時の対策を検討するために、暴力被害の現状把握を行う必要がある。その結果に基づき、暴力被害に対してどのような方針でのぞむのか、どのような取り組みを行うべきなのかなど、病院全体で話し合うことが重要である。また、暴力は容認しない姿勢など、暴力に対する病院の方針を職員全員に周知徹底し、利用者に対しては掲示などを行いアピールする。

（1）安全管理対策マニュアルの整備

　病院全体で話し合い、安全管理体制に対する病院の方針を踏まえて「安全管理対策マニュアル」を作成することが必要である。また、状況に応じ、各病棟や部署で個別の実状に応じた管理マニュアルを別途作成する。その際に重要なのは、病院全体の決まりである「安

全管理対策マニュアル」に対して安全管理レベルが低下するような「現場ルール」を独自に作らせないために、各部署の管理マニュアルについても、病院の保安管理担当者が一元管理をすること、である。そのためにも、保安管理担当部署を定め、担当者をおくことが必要となる。

　安全管理対策マニュアル内容は、以下のような項目が挙げられる。

①病院内における保安管理部署の明文化

②出入り口・時間外出入り口の管理、運用方法(開閉時間、曜日など)

③駐車場、病棟内および新生児室、共用施設、個人執務室などの保安警備・管理方法

④患者・家族と、院外の第三者の識別方法(名簿記入、面会証の携帯など)

⑤事件発生時の対処方法、役割分担、連絡先(警察、近隣病院、行政、保健所など)

⑥事件発生時の職員への周知方法(合い言葉による院内放送、緊急連絡網など)

⑦警備員の配置状況と職務内容、職員との役割分担

⑧事件発生のリスクを低減するための常日頃からの取り組み(声がけなど)

⑨不審者の発見と、退去要請までの具体的な注意事項(あらかじめ定めたサインによって応援を求めたり、不審者を刺激しないようにする、不審者が逃亡しても不用意に追跡しない、など)

　ここでもっとも重要なのは、安全管理対策マニュアルを整備することが目的ではなく、安全管理対策マニュアルに明文化した内容を具現することである。そのためにも、安全管理対策マニュアルの定期的な改訂を確実に実施し、また、職員教育についても定期的に行うことが必須となる。

■(2)職員教育の充実

　安全管理体制に関する病院の基本方針、予防方策、あるいは、安全管理対策マニュアルに示された対応方法などを周知徹底し、職員全員の安全管理の意識を高めるために、職員教育の実施は定期的に行わなくてはならない。

　また、治療に関する説明不足や、態度や口調などの対応や未熟な技術が発端となり発生した暴力事件もあるため、接遇研修を実施し、暴力事件を防ぐ視点からの「接遇」を学ぶことも有効である。

14　施設・設備管理(9)　災害時における物品・物流管理

1　BCPとは

　病院における災害対応は1995(平成7)年の阪神・淡路大震災が契機にあげられる。1996(平成8)年には厚生省(当時)健康政策局から「災害時における初期救急医療体制の充実強化について」が発出された。これを受け、阪神・淡路大震災の被災地の医療機関、医療関係団体の関係者および救急医療、建築、機器設備、情報通信の専門家などから構成される災害医療体制のあり方に関する研究会が開催され、報告書として取りまとめられた。

　この報告書においては、災害拠点病院の整備、広域災害・救急医療情報システムの整備、保健所機能の強化および搬送機関との連携等が必要であると位置づけられた。その後、災害拠点病院の整備など様々な取り組みが進められてきたが、それ以降に発生した想定外の震災により病院は著しい被害に遭遇することになった。マニュアルの実効性に対する問題点が明らかになり、今後は不測の事態に対する十分な備えを行うという考え方として、一般企業や行政における事業継続計画(Bisiness Continuity Plan：BCP)が重要視され、病院におけるマニュアルにも不可欠なものとして認識されるようになった。

2　災害医療のあり方の検討

　2011(平成23)年の東日本大震災時の対応のなかで問題としてあげられ、同年に開催された「災害医療等のあり方に関する検討会」では、①災害拠点病院、②DMAT (Disaster Medical Assistance Team：災害派遣医療チーム)、③中長期の医療提供体制の3項目について検討された。そのなかで、業務継続計画(BCP)の作成について言及された。報告書では、災害時の医療チーム等の派遣について災害対策本部内の組織におけるコーディネート機能が十分に発揮できるような体制を整備することがあげられた。また、医療機関が自ら被災することを想定して災害対策マニュアルを作成することが有用であるとしたうえで、業務継続計画を作成することが望ましいとされている。平成25年厚生労働省医政局長通知においては、病院におけるBCPの考え方に基づいた災害対策マニュアルの作成、チェックリストを使った病院災害計画の点検の手引きを示した。

3 災害拠点病院

　災害拠点病院とは、災害発生時に災害医療を行う医療機関を支援する病院を指している。災害時に多発する重篤救急患者の救命医療に対応できる高度の診療機能を有しており、被災地からの重症傷病者の受入れ機能、傷病者等の広域搬送への対応機能、自己完結型の医療救護チームの派遣機能、地域の医療機関への応急用資器材の貸出し機能を有する病院で、各都道府県の二次医療圏ごとに原則1か所以上整備されている。

　災害拠点病院の主な指定要件は次の4項目があげられる。

（1）災害拠点病院においては、24時間緊急対応し、災害発生時に被災地内の傷病等の受入れ及び搬出を行うことが可能な体制を有すること。

（2）災害拠点病院は、災害発生時に、被災地からの傷病者の受入れ拠点にもなること。「広域災害・救急医療情報システム（Emergency Medical Information System：EMIS）」が未整備または機能していない場合には、被災地からとりあえずの重症傷病者の搬送先として傷病者を受け入れること。また、例えば、被災地の災害拠点病院と被災地外の災害拠点病院とのヘリコプターによる傷病者、医療物資等のピストン輸送を行なえる機能を有していること。

（3）災害拠点病院内に災害発生時における消防機関（緊急消防援助隊）と連携した医療救護班の派遣体制があること。

（4）ヘリコプター搬送の際には、同乗する医師を派遣できることが望ましいこと。

4 災害拠点病院における業務継続計画等を義務化

　このように医療機関の業務継続計画の整備が重要課題であると位置づけされ、2017（平成29）年度より災害拠点病院における業務継続計画等を義務化した。厚生労働省医政局長通知「災害拠点病院指定要件の一部改正について」（平成29年3月31日）により災害拠点病院の指定要件として、災害拠点病院の運営体制について次の3つの要件を満たすことが追加された。

①被災後、早期に診療機能を回復できるよう、業務継続計画の整備を行っていること。
②整備された業務継続計画に基づき、被災した状況を想定した研修および訓練を実施すること。
③地域の第二次救急医療機関および地域医師会、日本赤十字社等の医療関係団体とともに定期的な訓練を実施すること。また、災害時に地域の医療機関への支援を行うための体制を整えていること。

5　病院におけるBCP

　災害時の病院における事業は、通常の病院機能を維持しながら被災患者を含めた診療を継続することである。病院の被災状況、地域における病院の特性、地域でのニーズの変化に対応できることが求められる。病院機能の損失を最小限に抑え、早急な回復を図り、継続的に被災患者の診療にあたれるような計画（BCP）を盛り込んだマニュアル作りが求められている（図2 -11）。

　災害マニュアルにおいては、従来は災害急性期の動的な対応を行うための取り決め事を整理したものであるのに対し、BCPの対象範囲は幅広く起こり得る事象に対して静的な事前の点検や準備も含めたものである。例えば、対応職員の確保のためには「職員は震度6弱以上の地震の際には病院に参集する」とされていたものは、BCPにおいては「職員の被災、交通の遮断、家族の反対などから多くの職員が参集できない」ことも含め、そのうえで職員が参集できるよう平常時から病院の宿舎や近隣に居住する、バイクや自転車などの参集手段を確保するなどの方策を講じるなど、限られた人員のなかで実効的なスタイルをイメージできるように、その病院に適したマニュアルを工夫しておくことが重要である。

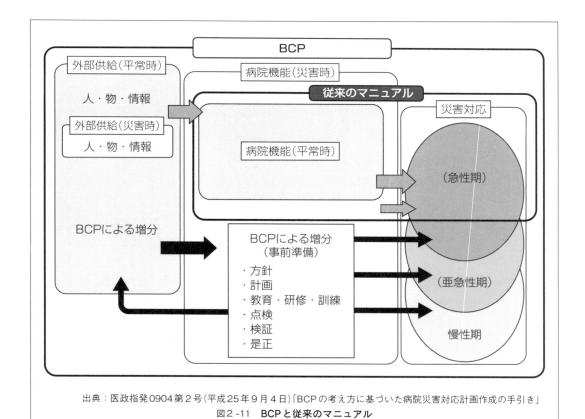

出典：医政指発0904第2号（平成25年9月4日）「BCPの考え方に基づいた病院災害対応計画作成の手引き」

図2 -11　BCPと従来のマニュアル

　また、病院災害計画の点検においては、次の15項目を対象にチェックリストの活用があげられている。

---

①地域のなかでの位置づけ、②組織・体制、③災害対策本部、④診療継続・非難の判断、⑤安全・減災措置、⑥本部への被害状況の報告、⑦ライフライン、⑧緊急地震速報、⑨人員、⑩診療、⑪電子カルテ、⑫マスコミ対応・広報、⑬受援計画、⑭災害訓練、⑮災害対応マニュアル

　BCPにおいては、特に実効性のある事前計画が重視されているため、チェック項目に応じた実情の把握が重要である。

15 施設・設備管理(10) 廃棄物処理

1　医療廃棄物の適正な処理

　医療行為から生じる廃棄物は医療廃棄物となり、そのなかでも特に管理を要するものが感染性廃棄物である。感染性廃棄物は、血液の付いた注射針など、感染症の汚染源となる可能性がある。そのため、感染性廃棄物は、危険のないように分別・梱包されている必要があり、バイオハザードマークなどの表示によって非感染性廃棄物とは明確に区別されている必要があり、管理責任者も明確となっていることが求められる。

　厚生労働省は1989(平成元)年11月、医療廃棄物処理ガイドラインを策定、1992(平成4)年10月、廃棄物の処理及び清掃に関する法律(以下、廃棄物処理法)を改定、管理を強化した。改正法では、医療廃棄物を特別管理廃棄物に指定、医療機関などは特別管理産業廃棄物管理責任者をおき、施設内での焼却、滅菌施設で処理を行う。外部に委託する場合は、運搬、処理が確実に行われるよう産業廃棄物管理票(以下、マニフェスト)で報告を受ける制度とした。

　廃棄物処理に関して、廃棄物処理法により、医療機関には排出事業者としての環境上適切な管理および処理を行う義務と責任が存在し、また、業者に処分を委託した場合も、委託契約の内容やマニフェストの管理などに同様の義務と責任がある。そのため、業者に任せきりにしてしまうと、思わぬ責任を強いられる場合がある。すべての医療機関は、医療行為などによって生じた廃棄物を自らの責任において適切に処理しなければならない。

　また、環境省から「廃棄物処理法に基づく感染性廃棄物処理マニュアル」(以下「感染性廃棄物処理マニュアル」)が示されており、感染性廃棄物の適正処理を行うために、精読することが必須である。

2　感染性廃棄物の判断基準

　通常、医療機関などから排出される廃棄物は「形状」、「排出場所」および「感染症の種類」の観点から感染性廃棄物の該否について判断することができる。感染性廃棄物の判断フローを図2-12に示す。

　外観上、血液と見分けがつかない輸血用血液製剤などや、血液などが付着していない鋭

利なもの（破損ガラスくずなどを含む）は、感染性廃棄物と同等の取り扱いをする。また、感染性か非感染性か、このフローでは判断できない廃棄物は、医師・歯科医師・獣医師により、感染性の恐れがあると判断される場合には、感染性廃棄物とする。外観上、感染性廃棄物と区別がつかない非感染性廃棄物（感染性廃棄物を消毒処理したものや非感染性と判断されたもの）には、あらかじめ関係者間で合意した「非感染性廃棄物ラベル」を付けることが推奨されている。

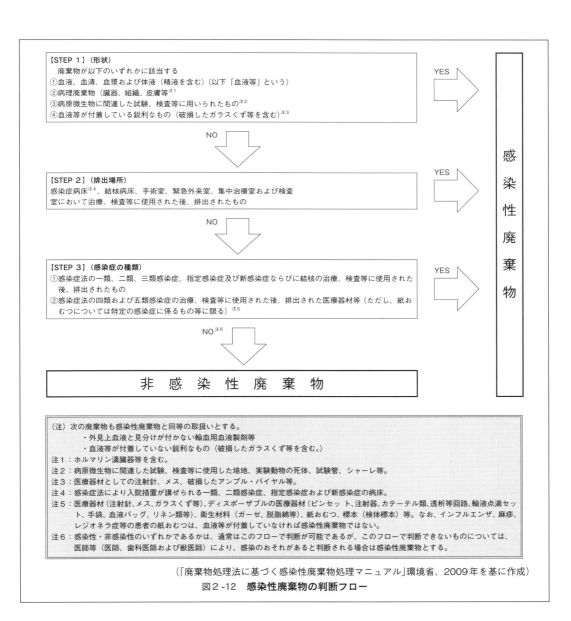

（「廃棄物処理法に基づく感染性廃棄物処理マニュアル」環境省、2009年を基に作成）

図2 -12　感染性廃棄物の判断フロー

3　感染性廃棄物の管理

　医療機関の管理者(以下、管理者)は、施設内における感染事故などを防止し、感染性廃棄物を適正に処理するために、「特別管理産業廃棄物管理責任者(以下、廃棄物管理責任者)」を設置し、感染性廃棄物の取り扱いに関し管理体制を整備することが求められる。

　廃棄物管理責任者は、処理計画書および管理規程に基づいて、感染性廃棄物の排出、分別、梱包、中間処理などの具体的な実施細目を作成し、医師、看護師、清掃作業員などの関係者に周知徹底することが求められる。また、感染性廃棄物の排出・分別については、医師などの医療従事者に加えて、患者、訪問者なども含めた対応が必要となり、感染症病床などの患者をはじめ、関係者への周知を徹底することも重要である。

　廃棄物管理責任者は、次のいずれかの者でなければならない。

①医師、歯科医師、薬剤師、獣医師、保健師、助産師、看護師、臨床検査技師、衛生検査技師又は歯科衛生士

②2年以上法第20条[9]に規定する環境衛生指導員の職にあった者

③学校教育法(昭和22年法律第26号)に基づく大学若しくは高等専門学校、旧大学令(大正7年勅令第388号)に基づく大学若しくは旧専門学校令(明治36年勅令第61号)に基づく専門学校において医学、薬学、保健学、衛生学若しくは獣医学の課程を修めて卒業した者又はこれと同等以上の知識を有すると認められる者

感染性廃棄物の管理に関する基本的事項

①処理計画書の作成

　廃棄物管理責任者は、医師、看護師などの意見を聞き取りしたうえで、感染性廃棄物処理マニュアルに基づいて、施設内で発生する感染性廃棄物に該当する物を定め、感染性廃棄物の種類ごとに発生施設および発生量を今までの実績をもとに把握する必要がある。処理計画には、感染性廃棄物に関して次の事項などを定める。

　1．発生状況
　2．分別方法
　3．施設内の収集運搬方法
　4．滅菌などの方法(施設内で処理を行う場合)
　5．梱包方法
　6．保管方法
　7．収集運搬業者及び処分業者の許可証、委託契約の写し(業者に委託する場合)
　8．緊急時の関係者への連絡体制

---

[9]　廃棄物の処理及び清掃に関する法律(昭和45年12月25日法律第137号)「第20条」

　処理計画は、必要に応じて適宜、見直すことが重要である。また、冊子などの形態で作成し、施内の関係者に配付することが望ましい。

②管理規程の作成

　管理規程には、感染性廃棄物の具体的な取り扱い方法、廃棄物の種類に応じた取り扱い上の注意事項などを定めて、関係者に周知徹底する。なお、管理規程は、感染性廃棄物処理マニュアルの内容に従って作成することが求められる。

③処理状況の帳簿記載および保存

　廃棄物管理者責任者は、感染性廃棄物の処理が適正に行われているかどうかを常に把握し、処理について帳簿を作成するとともに、一定期間保存しなければならない。施設内における感染性廃棄物の分別、収集運搬、滅菌などの処理の状況を把握するとともに、必要に応じて医師、看護師などへの指導を行う。

　感染性廃棄物の処理を業者に委託している場合は、締結した契約に基づいて適正な処理が行われているかどうかを、マニフェストの管理などを通じて把握する。また、感染性廃棄物の処理の実績について、帳簿に次の事項を記載し、1年ごとに閉鎖するとともに、閉鎖後5年間保存しなければならない。

1. 運搬

　a．運搬年月日

　b．運搬方法および運搬先ごとの運搬量

　c．積み替えまたは保管を行う場合には、積み替えまたは保管の場所ごとの搬出量

2. 運搬の委託

　a．委託年月日

　b．受託者の氏名または名称および住所並びに許可番号

　c．運搬先ごとの委託量

3. 処分

　a．処分年月日

　b．処分方法ごとの処分量

　c．処分(埋立処分を除く)後の廃棄物の持出先ごとの持出量

4. 処分の委託

　a．委託年月日

　b．受託者の氏名または名称および住所並びに許可番号

　c．受託者ごとの委託の内容および委託量

4　感染性廃棄物の処理

　感染性廃棄物は、公衆衛生の保持および病原微生物の拡散防止の徹底の観点から、より

安全に配慮した取り扱いが必要になる。このため、感染性廃棄物の発生時点から、他の廃棄物と分別することが必須となる。

(1)施設内における保管方法

感染性廃棄物が運搬されるまでの保管は極力短時間とし、その保管場所は、関係者以外が立ち入ることができないように配慮し、他の廃棄物と区別して保管をする必要がある。また、保管場所には、見やすい箇所に感染性廃棄物の存在を表示し、取り扱いの注意事項を記載する。

(2)梱包方法

感染性廃棄物の運搬を行う場合は、必ず容器に収納して運搬しなくてはならない。容器は、密閉ができ／収納がしやすく／損傷しにくいことが求められる。また、容器に入った感染性廃棄物を他の容器に移し替えることは、飛散や流出防止の観点から好ましくない。

(3)表示方法

感染性廃棄物を収納した容器には、その識別ができるようにマークなどを付ける必要がある。マークは全国共通のものが望ましいため、図2-13のバイオハザードマークを用いる。また、廃棄物の種類が判別できるように、下記のように性状に応じてマークの色を分けることが望ましい。

①液状または泥状のもの(血液など)：赤色
②固形状のもの(血液などが付着した)：橙色
③鋭利なもの(注射針など)：黄色

図2-13　バイオハザードマーク

非感染性の廃棄物であっても、外観上、感染性廃棄物との区別がつかないため、また、病院が責任を持って非感染性廃棄物であることを明確にするために、非感染廃棄物の容器には非感染廃棄物であることを明記したラベルを付けることが望ましい。

(4)施設内処理

感染性廃棄物は、原則として病院内で焼却、溶融、滅菌または消毒をしなくてはならない。感染性を失った処理物などは、非感染廃棄物として処理することが可能となる。

しかし、焼却設備、溶融設備、滅菌装置を有していない場合などは、特別管理産業廃棄物処分業者などに委託して処理を行う。その際には、業者が取扱方法を誤らないように、感染性廃棄物の種類、性状などに関する情報を十分に伝えることが必要である。感染性廃棄物の処理の流れを的確に把握し、最終処分まで適正に処理されたことを排出事業者である病院などが自ら確認するために、マニフェストを交付することが必須となる。

16 業務委託(1) 業務委託の概要

1 業務委託

(1)業務委託が可能な業種

　病院は質の高い診療活動を継続的に行うことを目的として多くの業務を行っている。このなかには患者への医療行為という直接的な診療活動とは異なり、病院運営を間接的にサポートしている業務も含まれている。また、専門特化されたすべての業務を病院職員が実施するよりは外部の専門事業者へ委託する方が効率的な運用を行うことも可能となる。これらの背景から、病院業務の一部を外部事業者へ委託することを可能とする一方で、委託後も病院運営に必要なこれらの業務は一定水準の質が確保できるように関係法令で定められている。医療法等では、業務委託を行うことができる業種を特定し、その基準を明確にしたううで、各業種の性格に応じた留意事項を示している。

　医療法および関係法令では、病院の業務のうち患者の診療や入院に著しい影響を与えるものとして次の8業種を定めている。8業種とは、①検体検査(医療法施行規則第9条の8)、②滅菌消毒業務(医療法施行規則第9条の9)、③患者給食(医療法施行規則第9条の10)、④患者搬送(医療法施行規則第9条の11)、⑤医療機器の保守点検(医療法施行規則第9条の12)、⑥医療用ガス供給設備の保守点検(医療法施行規則第9条の13)、⑦寝具類洗濯(医療法施行規則第9条の14)、⑧院内清掃(医療法施行規則第9条の15)である。

(2)委託先事業者の選定と管理

　これらの業務を委託する場合は、医療法および関係法令に規定する基準に適合する事業者へ委託しなければならない。また、良質な医療サービスの提供および普及を図り、一定の認定要件を満たすサービスに対して医療関連サービスマークの認定を行うという医療関連サービスマーク制度がある(図2-14)。

　この制度は財団法人医療関連サービス振興会が実施主体となり、認定した事業者には認定証を交付している。医療関連サービスマークの対象となる業種は上記の8つの業種があ

図2-14　医療関連サービスマーク

る。このうち医療機器の保守点検は在宅酸素療法における酸素供給装置の保守点検と医療機器の保守点検の2つの業種があるため、サービスマークの対象は9業種となっている。さらに、3年ごとに実施している実態調査においては16業種が対象となっている（表2-6）。

　業務委託する場合には委託先事業者と病院側における委託契約書による契約の締結が必要である。業務を委託する事業者は関係法令を遵守し、業務の質的水準を確保するよう努めなければならない。また、病院管理者は外部の事業者へ業務を委託した場合においても最終的な業務に関する責任は病院にあることを念頭に、委託業務の管理を行うことが重要である。実務的には、委託契約書とともに標準作業書および業務案内書により具体的な業務の内容や方法を明確にしておくことが望まれる。また、委託業務は労働者派遣契約ではなく請負契約に基づき業務委託であることが留意事項としてあげられる。さらに、個人情報の取り扱いについても適切に対応することが重要である。

2　医療法および関係法令

　業務委託は「医療法第15条の2」において「患者の診療などに著しい影響を与えるものを委託する場合には、業務の種類に応じて業務が適切に行う能力ある者として法令で定める基準に適合するものに委託しなければならない」と定めている（図2-15）。

　これを受け、「診療等に著しい影響を与える業務」については「医療法施行令第4条の7」に8つの業種が示されている（図2-16）。さらに、「これらの業務を適正に行う能力のある者の基準については、「医療法施行規則第9条の8〜15」に具体的な規定が設けられている。

　医療機器の保守点検業務は、業務の範囲に薬事法第2条第8項に定める特定保守管理医療機器の保守点検業務と定義されている。この業務では「医療法施行規則第9条の7及び12」の規定で定められている他に、薬事法、薬事法施行令、薬事法施行規則など関連法令の把握が必要である。また、医療用ガスの供給設備の保守点検業務は、医療ガスの保守点検指針（昭和63年7月15日、健政発第410号「診療の用に供するガス設備の保安管理について（別添2）」）に従って実施することとされている。

表2-6　医療関連サービスの概要

区分	サービス名	サービスマークの対象	サービスの概要
1	検体検査	○	衛星検査所または医療機関内において、人体から排出または採取された検体について、微生物学的検査、血清学的検査、血液学的検査、寄生虫学的検査、病理学的検査、生化学的検査を行うサービス。
2	滅菌・消毒	○	滅菌センターまたは医療機関において、医療機関で使用された医療用器具、リネン類の滅菌消毒を行うサービス。
3	患者給食	○	医療機関内に入院している患者、妊婦、産婦などに対して食事の提供、盛り付け、配膳、食器洗浄などを行うサービス。
4	患者搬送	○	患者、妊婦、産婦などに対して、医療機関相互間の搬送を行うサービス、または重篤な患者について医師ないし歯科医師を同乗させて搬送を行うサービス。
5	院内医療機器保守点検・修理	○	医療機関内における医療機器(画像診断システム、生体現象計測・監視システム、治療用・施設用機器、理学療法機器等)の動作確認、校正、清掃、消耗品の交換および修理を行うサービス。
6	医療用ガス供給設備保守点検	○	配管端末器、ホースアセンブリ、警報の表示板、送気配管、供給源設備等、医療の用に供するガスの供給設備の点検、予備付属品の補充（補修等の工事は除く）などを行うサービス。
7	寝具類洗濯・賃貸	○	医療機関に入院している患者、妊婦、産婦等が使用した寝具類（ふとん、毛布、シーツ、枕、病衣等）の洗濯、乾燥、消毒を行うサービス、または、医療機関で使用される寝具類、ユニフォーム、おむつのリネンサプライを行うサービス。
8	院内清掃	○	医療機関において、治療の用に供される施設、または患者の収容の用に供される施設の清掃を行うサービス。
9	医療廃棄物処理		医療機関等から排出される感染性廃棄物の回収、運搬、中間処理、最終処理を行うサービス。
10	医療事務		医療機関の外来受付、診療録管理、診療報酬請求、医事会計などの業務を行うサービス、または、これらの業務に関わる要員の養成・研修を行うサービス。
11	院内情報コンピュータ・システム		医療機器のコンピュータ・システム（財務会計、給与計算、医事会計、検診、栄養補給、物品管理）の開発、導入および運用・メンテナンスを行うサービス。
12	医療情報サービス		医療機関に対して診療、検査、医薬品等に関する情報提供を行うサービス、または、患者等に対して医療機関の情報提供を行うサービス。
13	院内物品管理		医療機関で使用される物品（医薬品、診療材料、医療消耗器具備品、一般消耗品等）の発注、在庫管理、病棟への搬送などを行うサービス。
14	医業経営コンサルティング		医療機関等に対して、医療機関開設に関わる指導・支援、医療圏の市場調査・分析、財務や税務に関する指導・相談、その他医療機関の運営に関わる指導を一定期間・継続的に行うサービス。
15	在宅酸素供給装置保守点検	○	在宅酸素療法に使用する酸素供給装置の点検、消耗品の補充、清掃（修理は除く）を行うサービス。
16	在宅医療サポート		CAPD（連続携行式自己腹膜透析療法）、HIT（在宅輸液療法）、人工呼吸器療法等の在宅医療(在宅酸素療法を除く)の支援を行うサービス（調剤、薬剤配送、機器の保守点検等）。

（「平成18年度医療関連サービス実態調査報告書」財団法人医療関連サービス振興会）

○医療法第15条の2

　病院、診療所又は助産所の管理者は、病院、診療所又は助産所の業務のうち、医師若しくは歯科医師の診療若しくは助産師の業務又は患者、妊婦、産婦若しくはじょく婦の入院若しくは入所に著しい影響を与えるものとして政令で定めるものを委託しようとするときは、当該病院、診療所又は助産所の業務の種類に応じ、当該業務を適正に行う能力のある者として厚生労働省令で定める基準に適合するものに委託しなければならない。

図2-15　医療法第15条の2

○医療法施行令第4条の7（診療等に著しい影響を与える業務）
法第15条の2に規定する政令で定める業務は、次のとおりとする。
1．人体から排出され、又は採取された検体の微生物学的検査、血清学的検査、血液学的検査、病理学的検査、寄生虫学的検査又は生化学的検査の業務
2．医療機器又は医学的処置若しくは手術の用に供する衣類その他の被褥製品の滅菌又は消毒の業務
3．病院における患者、妊婦、産婦又はじょく婦の食事の提供の業務
4．患者、妊婦、産婦又はじょく婦の病院、診療所又は助産所相互間の搬送の業務及びその他の搬送の業務で重篤な患者について医師又は歯科医師を同乗させて行うもの
5．厚生労働省令で定める医療機器の保守点検の業務
6．医療の用に供するガスの供給設備の保守点検の業務（高圧ガス保安法（昭和26年法律第204号）の規定により高圧ガスを製造又は消費する者が自ら行わなければならないものを除く。）
7．患者、妊婦、産婦若しくはじょく婦の寝具又はこれらの者に貸与する衣類の洗濯の業務
8．医師若しくは歯科医師の診療若しくは助産師の業務の用に供する施設又は患者の入院の用に供する施設の清掃の業務

図2-16　医療法施行令第4条の7

17 業務委託（２） 業務委託の適切な管理

1 業務委託に関する総合的検討

　業務委託は多種多様にわたる病院業務をすべて職員のみで実施するというのではなく、医療関連サービスという直接的な医療行為以外の周辺業務の外部化として、コスト削減を含めた経営的メリットだけではなく、サービスの質的向上につなげることを目的としている。そのため、業務委託の内容や質の管理など業務に関連する留意事項として、次の３点を示す。

■（1）対象業務の種類と委託の範囲

　病院業務のうち対象業務の種類と委託の範囲について検討する必要がある。自院の業務の洗い出しを行い、どのような業務を対象として委託したいのか、どの程度の業務範囲を委託したいのかなどが検討課題である。経営戦略の観点からは、部門別原価計算結果からコスト削減を目標に掲げ、その実施方法としてアウトソーシングが提案される。また、人員削減後の業務を継続していくために業務委託に切り替えるという手法も採用される。このように、業務委託が行われる背景は病院の個別事情によるものが多いと考えられるが、病院運営に必要な業務委託のあり方について慎重に検討することが求められる。

■（2）委託業者の選定

　委託業者の選定手順が適切であることがあげられる。発注者である病院側は業務内容を明記した仕様書を作成したうえで、受注した業者と文書による契約が行われるという流れになる。業務内容や価格、品質などを考慮し、公正な基準により委託業者の選定が行われる必要がある。そのため、委託業者の選定基準を明確にしておくことが重要である。また、財団法人医療関連サービス振興会が発行するサービスマークを持っていることも評価できる。

■（3）委託業者の従業員に対する教育研修

　委託業者の従業員に対する教育研修が実施されていることである。まずは、業者が行っている研修内容とその実績を把握し、従業員としての教育研修を受ける。一方で、病院業

務の一部を担う委託業者であっても患者側から見れば病院職員と同じスタッフとして見なされる。挨拶、表情、態度、身だしなみ、言葉遣いなど接遇をテーマにした教育研修は委託業種に関わらず必要となる事項である。また、病院の理念や基本方針など病院職員と一緒に研修を受ける仕組み作りと合同で研修を受ける環境への配慮が必要である。さらに、施設の清掃業務の委託の場合は、従業員が外来診察室、病棟廊下や病室など患者のプライバシーに関わることも起こり得るため、あらかじめ個人情報保護の重要性や守秘義務のあり方についても学習しておくことが望ましい。

2 業務委託の適切な管理

委託契約締結後の業務管理としては、業者任せにならないことを意識し、あくまで病院側が管理していく姿勢を継続することである。業務委託の適切な管理の留意事項として次の2点を示す。

▌(1)委託業務の責任者の設置

委託業務の責任者が定められていることである。業務範囲が広く複数のスタッフが業務に携わる場合は、総括責任者の他にグループリーダーとして責任者を置くことが望まれる。業務に携わる担当者と責任者を明確に配置し、責任者は適切な業務遂行のためにスタッフの管理監督を行う。責任者の役割として、病院側からの連絡事項を関係スタッフへ伝達することおよび管理日誌の記載などがあげられる。また、事故発生時は業者側のみで対応するのではなく、業者側の責任者から病院側へ報告体制を確立させておき、病院側からの指示を受けるという一連の対応手順を定めておく必要がある。

▌(2)業務の質の管理

病院側が委託業務の質を管理することである。一般に委託業務の完了時には検収業務を行い、契約事項が満たされていることを病院側が確認する。責任者は業務終了時点で、標準作業書および業務内容書に定める業務が完了していることを確認し、管理日誌に該当事項を記載のうえ、病院側へ報告する。報告を受けた病院側の検収担当者は必要に応じて責任者からの口頭報告を受けるとともに、管理日誌および現地の作業状況等を目視確認する。これらの運用を理解したうえで委託業者の人事異動にも対応できるように契約書等に記載し、双方で確認しておくことが重要である。

業務委託（3）委託契約における留意事項

1 個人情報保護の取り扱い

（1）委託業者の監督

　病院業務は患者の個人情報に接することが多く、病院職員だけでなく業務を受託している事業者においても十分な配慮が求められる。

　個人情報とは「生存する個人に関する情報であって、当該情報に含まれる氏名、生年月日その他の記述等により特定の個人を識別することができるもの（他の情報と容易に照合することができ、それにより特定の個人を識別することができることとなるものを含む）」（個人情報保護法第2条第1項）と定義されている。また、病院での業務を外部事業者へ委託した場合の個人情報の保護については、個人情報保護法第22条「個人データの取扱いの全部又は一部を委託する場合は、その取扱いを委託された個人データの安全管理が図られるよう、委託を受けた者に対する必要かつ適切な監督を行わなければならない」と明記され、病院側が委託した事業者への監督を行うことになっている。

（2）留意事項

　個人情報保護の観点から業務を委託する場合の5つの留意事項があげられる（「医療・介護関係事業者における個人情報の適切な取扱いのためのガイドライン」厚生労働省より）。第1に、事業者を選定するに当たっては個人情報を適切に取り扱っていることを確認する。第2に、委託契約書には個人情報の保護に関する条項を設け、個人情報の適切な取り扱いに関して明記しておく。第3に、病院側は受託者が個人情報を適切に取り扱っていることを定期的に確認する。第4に、病院側は受託者の個人情報の取り扱いに疑義が生じた場合には、受託者より説明を求め、必要に応じて改善を求める等適切な措置をとる。第5に、受託者が業務の一部を再委託する場合には、再委託先事業者においても同様に個人情報を適切に取り扱っていることが確認できるよう契約において配慮することである。

2　委託業務と病院側の対応

委託契約を締結した後も病院側は適切な業務が遂行されていることを定期的に確認する仕組みが必要である。ここでは委託業務において病院側が特に留意すべき事項について下記2点を示す。

(1)定期的な会議等による連携

受託責任者と病院側との定期的な協議の場を設けることである。受託した事業者は契約に基づき受託責任者を配置し、業務の管理監督を行うことが一般的である。受託責任者は、該当する業務に関して相当の知識および経験を有する者が選任され、従業員の人事・労務管理、教育研修および健康管理、業務の遂行管理、施設設備の衛生管理など業務の責任を負うものである。また、円滑な業務の実施状況を示す業務日報など必要な帳票を備え、病院管理者や担当者に適宜報告ができる管理体制を整備しておくことが求められる。例えば、患者給食業務においては、委託業務の範囲と病院が自ら実施すべき業務の範囲が定められており、受託業者との業務分担を明確にしながら同時に両者の連携も求められる。献立表の作成業務を委託する場合は、病院側が作成した献立表作成基準が満たされたものでなければならない。病院担当者は受託責任者に対し、献立表作成基準の内容を十分に説明し、理解し、納得してもらったうえで業務に携わることが、受託業者との信頼関係を構築し、質の高い給食業務につながる。

病院管理者や担当者は適切な業務遂行を目的として、精度管理や安全管理の観点からも受託責任者との定期的な会議等を通じて十分な連携を図ることが重要である。

(2)代行保証

受託した事業者が何らかの事由により受託業務の遂行が困難になった場合に備え、その業務が継続できる体制を整備しておく、いわゆる代行保証があげられる。患者給食業務や検体検査業務などは、その業務の特殊性から継続的かつ安定的な提供が必要不可欠である。病院業務の一部を外部の事業者へ委託していることが患者への診療業務に悪い影響を及ぼすことがないように最大限の配慮が求められる。必要な措置としては、あらかじめ代行業者を定めておく代行契約を結んでおくことや病院側で業務を実施できる人員や施設を確保しておくことがあげられる。また、患者給食業務においては複数の調理加工施設を有する事業者と契約することも考えられる。

⑲ 業務委託（4）業務委託の状況

1 医療関連サービスに関する委託の状況

　医療関連サービスに関する業種別委託率について1994（平成6）年度、2000（平成12）年度、2006（平成18）年度2012（平成24）年度、2018（平成30）年度における推移を示した（図2-17）。

　2018年度調査によれば「寝具類洗濯」98.4％、「検体検査」97.3％、「医療廃棄物処理」97.1％など、これらの業種は委託率95％超と高値を示している。1994年度調査以降においても年度推移に関わらずおおむね9割を占めており、これらの3業種は医療機関の開設主体や病床規模に関わらず委託業務として高い比率を占めていることがわかる。また、「医療用ガス供給設備保守点検」は1994（平成6）年度66.5％となっていたが年々増加傾向が続き、2018（平成30）年度は92.8％にも達している。続いて、委託率の高い業種は、「院内清掃」87.5％、「医療機器保守点検」86.5％など8割超となっている。これに対し、「医療情報サービス」14.7％、「患者搬送」17.3％、「在宅医療サポート」17.9％など、これらの業種はおおむね2割未満の低い委託率となっている。

　1994年度調査と2018年度調査の委託率を比較したところ、「患者給食」の伸び率がもっとも高く43.6ポイント（1994年度調査26.7％、2018年度調査70.3％）となっている。続いて、「院内物品管理」27.5ポイント（1994年度調査3.9％、2018年度調査31.4％）、「院内情報コンピュータ・システム」26.6ポイント（1994年度調査25.4％、2018年度調査52.0％）、「医療用ガス供給設備保守点検」26.3ポイント（1994年度調査66.5％、2018年度調査92.8％）などがあげられる。

　外部事業者への委託の状況を病床規模別にみると委託率の高低は全般的に病床規模との相関があり、500床以上病院の委託率は総じて高い傾向にある。500床以上病院が98.6％占める「院内清掃」は50床未満病院では80.0％となった。同様に、500床以上病院が8割超となる「医療事務」「院内情報コンピュータ・システム」は、50床未満病院では順に21.0％、42.0％など低率になった。さらに、「院内物品管理」は500床以上病院84.7％に対し、50床未満病院では8.0％となり、規模の大きな病院は高い委託率となっている。

　次に、病院側が業務委託することのメリットに関する調査結果では、「専門知識・技術のある事業者に頼む方が安心できる」が7～8割程度を占めている。その他には「人員・人

区分	サービス名	平成6年度 (n=801)	平成12年度 (n=1111)	平成18年度 (n=697)	平成24年度 (n=1137)	平成30度 (n=1006)
1	検体検査	92.7	95.7	96.1	95.9	97.3
2	滅菌消毒	11.4	17.0	28.0	25.6	35.2
3	患者等給食	26.7	44.5	60.5	67.9	70.3
4	患者搬送	7.4	7.3	10.8	7.9	17.3
5	医療機器保守点検	63.7	69.8	73.5	83.1	86.5
6	医療用ガス供給設備保守点検	66.5	75.6	86.4	88.1	92.8
7	寝具類洗濯	95.9	98.5	98.3	97.5	98.4
8	院内清掃	73.2	79.8	81.5	83.8	87.5
9	医療廃棄物処理	89.6	96.8	97.6	96.9	97.1
10	医療事務	30.5	39.0	38.3	35.7	35.9
11	院内情報コンピュータ・システム	25.4	27.9	34.1	35.7	52.0
12	医療情報サービス	7.6	4.6	6.6	6.0	14.7
13	院内物品管理	3.9	7.7	16.1	21.1	31.4
14	医業経営コンサルティング	8.1	11.7	13.5	13.7	20.7
15	在宅酸素供給装置保守点検	42.7	49.4	50.8	45.5	54.8
16	在宅医療サポート	4.0	7.1	9.3	8.6	17.9

（単位：％）

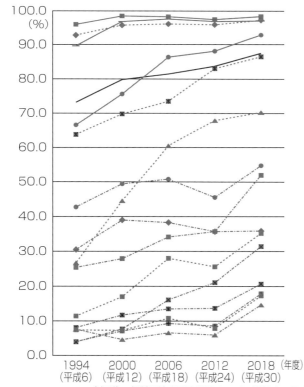

（出所）一般財団法人医療関連サービス振興会、平成30年度医療関連サービス実態調査結果の概要

図2-17　医療関連サービス委託率の推移

材不足の解消」「業務運営の効率化・迅速化」があげられている。また、「業務運営の効率化・迅速化」では「院内物品管理」が57.6％と高く、「検体検査」では「設備投資の抑制・設備の縮小化」（62.6％）があげられ、業務の性格が示されていると考えられる。

2　医療関連サービスの委託率と満足度

　医療関連サービスの委託率と満足度における2018年度の調査結果を示す。業種別委託率は前項に記したとおり「寝具類洗濯」「検体検査」「医療廃棄物処理」「医療用ガス供給設備保守点検」など4業種が9割超の高率を示している。また、業種別の医療関連サービスに対する病院側からの満足度は、「満足＝2点、やや満足＝1点、どちらともいえない＝0点、やや不満＝－1点、不満＝－2点」として算出されている。全16業種の平均値は1.02点となり、おおむね良好な評価であると考えられる。業種別には、「医療用ガス供給設備保守点検」1.35点、「医療廃棄物処理」1.29点、「在宅酸素供給装置保守点検」1.24点となり高値が示された。これに対し、「患者等給食」0.65点、「医療事務」0.75点、「医業経営コンサルティング」0.76点など比較的低値となったが、「不満」または「やや不満」など否定的回答は1割未満にとどまっている。

　図2-18は、業種別委託率（％）を横軸、満足度スコア（点）を縦軸として散布図を作成した。「医療用ガス供給設備保守点検」「医療廃棄物処理」「検体検査」「寝具類洗濯」など4業種における委託率と満足度スコアは共に平均値より高い値が示されている。これに対し、委託率の低い「医療情報サービス」「医業経営コンサルティング」「医療事務」「院内情報コンピュータ・システム」などの業種は満足度スコアも相対的に低い点数となっている。

区分	サービス名	委託率	満足度
1	検体検査	97.3	1.12
2	滅菌消毒	35.2	1.07
3	患者等給食	70.3	0.65
4	患者搬送	17.3	1.10
5	医療機器保守点検	86.5	0.99
6	医療用ガス供給設備保守点検	92.8	1.35
7	寝具類洗濯	98.4	1.04
8	院内清掃	87.5	0.97
9	医療廃棄物処理	97.1	1.29
10	医療事務	35.9	0.75
11	院内情報コンピュータ・システム	52.0	0.86
12	医療情報サービス	14.7	0.94
13	院内物品管理	31.4	1.08
14	医業経営コンサルティング	20.7	0.76
15	在宅酸素供給装置保守点検	54.8	1.24
16	在宅医療サポート	17.9	1.14
	平均値	56.9	1.02

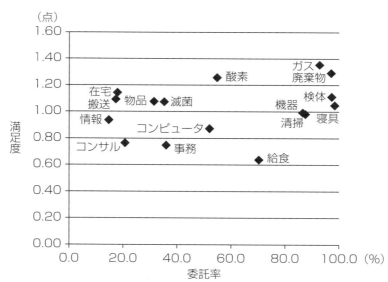

＊満足度スコアは、満足＝2点、やや満足＝1点、どちらともいえない＝0点、やや不満＝－1点、不満＝－2点として算出した。
＊グラフの横軸は委託率（％）、縦軸は満足度（点）

出典：一般財団法人医療関連サービス振興会、平成30年度医療関連サービス実態調査結果の概要（資料を基に筆者がグラフを作成）

図2-18　委託率と満足度の散布図

問題 1 医療機関におけるサイバーセキュリティ対策に該当しないものを1つ選べ。

［選択肢］

①医療情報システムの安全管理に関するガイドラインを周知徹底する。

②情報セキュリティインシデント発生時に国へ報告を行う。

③情報セキュリティインシデントが発生した医療機関に対する調査・指導を行う。

④医療分野におけるサイバーセキュリティの取り組みとの連携を行う。

⑤医療機関におけるセキュリティ対策について患者の同意を文書にて行う。

⑤

選択肢①～④は、2018（平成30）年10月29日付け、厚生労働省医政局総務課長等の連名通知「医療機関等におけるサイバーセキュリティ対策の強化について」に記載された4項目で、⑤は誤り。

［参考資料］

医療機関等におけるサイバーセキュリティ対策の強化について（平成30年10月29日厚生労働省医政局総務課長・地域医療計画課長・研究開発振興課長連名通知）https://www.pref.iwate.jp/kurashikankyou/iryou/seido/1002990/1016523.html

問題 2 地域医療連携推進法人への参加に際して期待した点について該当しないものを1つ選べ。

［選択肢］

①診療報酬による評価

②医療従事者を確保・育成する仕組みづくり

③共同購入の仕組みづくり

④共同研修の仕組みづくり

⑤地域包括ケアの推進

解答 2

①

解説 2

②～⑤は、地域医療連携推進法人への参加法人からのアンケート調査（スライド10枚目）に記載された4項目で、①は誤り。

［参考資料］

「地域医療連携推進法人への参加法人からのアンケート調査」平成31年1月25（金）開催　地域医療連携推進法人連絡会議　参考資料②（厚生労働省医政局医療経営支援課）https://www.mhlw.go.jp/content/12000000/000561194.pdf

問題 3

医薬品・医療機器のトレーサビリティ向上の観点から、医療現場などで想定されるバーコードの活用に該当し<u>ないもの</u>を１つ選べ。

[選択肢]

①特定の医薬品、医療機器が使用された患者の特定

②回収となった医療機器の院内在庫の把握

③医薬品の調製やピッキング時の取り違え防止

④医薬品、医療機器の使用記録をビッグデータとしてデータ解析に活用

⑤複数の部門システムに関する一元的なメンテナンス

確認問題

解答 3

⑤

解説 3

①～④は、地域医療連携推進法人への参加法人からのアンケート調査（スライド P.10）に記載された４項目。その他には「OTCの販売・購入の履歴を電子的に記録」がある。

（5）は誤り。電子カルテシステムにおける材料マスタなど複数の関係するシステムをメンテナンスには課題がある。

[参考資料]

医療品・医療機器のトレーサビリティの向上、医薬品医療機器制度部会　資料１、平成30年10月18日第７回、

医薬品医療機器制度部会　資料２（抜粋）、平成30年９月28日第６回「２．医薬品・医療機器のトレーサビリティの向上」（スライド12枚目）

https://www.mhlw.go.jp/content/11121000/000367971.pdf

参考文献

第1章

①総論──病院における事務部門の役割

『病院機能評価への取り組み』日本医療機能評価機構、2003年

②病院組織と経営管理（1）病院の理念と基本方針

『病院機能評価への取り組み』日本医療機能評価機構、2003年

岸川義光『図説 経営学演習』医学書院、2004年

③病院組織と経営管理（2）病院管理者とリーダーシップ

川渕孝一『進化する病院マネジメント』医学書院、2004年

大月博司ほか『経営学─理論と体系』同文館出版、2004年

経営能力開発センター、経営学検定試験協議会『経営学検定試験公式テキスト1　経営学の基本─初級・中級受験用』中央経済社、2006年

④病院組織と経営管理（3）病院組織の運営

井原久光『テキスト経営学』ミネルヴァ書房、1999年

山本修三総監修『診療情報管理士テキスト 診療情報管理III 専門・診療情報管理編（第2版第2刷）』社団法人 日本病院会、2004年

細田満和子、「チーム医療」の理念と現実、日本看護協会出版会、2003年

⑤人事・労務管理（1）人事管理と労働環境の整備

『病院機能評価への取り組み』日本医療機能評価機構、2003年

2019年度勤務医不足と医師の働き方のアンケート調査報告書、一般社団法人日本病院会医療政策委員会、2019年10月
https://www.hospital.or.jp/pdf/06_20191126_01.pdf

平成30年度厚生労働省医政局委託－医療施設経営安定化推進事業－平成29年度病院経営管理指標及び医療施設における経営上の課題に関する調査研究
https://www.mhlw.go.jp/content/10800000/000515050.pdf

⑥人事・労務管理（2）組織活性化につながる教育研修

平松陽一『教育研修スタッフ必携　教育研修の効果測定と評価のしかた』日興企画、2006年

『病院機能評価への取り組み』日本医療機能評価機構、2003年

⑦財務・経営管理（1）病院会計と経営計画

石尾肇『医療・介護施設経営入門シリーズ3 医療・介護施設のための管理会計入門』

じほう、2003年

朝日監査法人ほか『原価計算による病院マネジメント―DRG・PPS時代に向けた診療科別・疾患別原価計算』中央経済社、2003年

平成30年度厚生労働省医政局委託－医療施設経営安定化推進事業－医療施設における未収金の実態に関する調査研究
https://www.mhlw.go.jp/content/10800000/000497101.pdf

⑧財務・経営管理（2）管理会計学の病院実務への応用

経営能力開発センター、経営学検定試験協議会『経営学検定試験公式テキスト1　経営学の基本―初級・中級受験用』中央経済社、2006年

櫻井通晴『管理会計』同文舘出版、2000年

石尾肇『医療・介護施設経営入門シリーズ3　医療・介護施設のための管理会計入門』じほう、2003年

⑨医療事務管理（1）診療報酬と施設基準

安藤秀雄ほか『最新 医事関連法の完全知識〈2009年版〉―これだけは知っておきたい医療事務76法』医学通信社、2009年

『医科診療報酬点数表　平成20年4月版』社会保険研究所、2008年

『DPC点数早見表 2008年4月版』医学通信社、2008年

山本修三総監修『診療情報管理士テキスト 診療情報管理III 専門・診療情報管理編（第2版第2刷）』社団法人 日本病院会、2004年

⑩医療事務管理（2）在院日数の管理方法

監査法人太田昭和センチュリー医療福祉部ほか『病院経営診断ハンドブック』医学書院、2000年

山本修三総監修『診療情報管理士テキスト 診療情報管理III 専門・診療情報管理編（第2版第2刷）』社団法人 日本病院会、2004年

⑪医療事務管理（3）箱ひげ図を活用した診療統計

山本康弘「医療機関のための統計入門講座」『月刊保険診療 2005年12月号』医学書院、2005年

山本修三総監修『診療情報管理士テキスト 診療情報管理III 専門・診療情報管理編（第2版第2刷）』社団法人 日本病院会、2004年

⑫患者サービス――外来患者の待ち時間と満足度

山本修三総監修『診療情報管理士テキスト 診療情報管理III 専門・診療情報管理編（第2版第2刷）』社団法人 日本病院会、2004年

⑬診療情報管理（1）組織の体制整備

山本修三総監修『診療情報管理士テキスト 診療情報管理III 専門・診療情報管理編（第

２版第２刷）』社団法人 日本病院会、2004年

武部伸ほか『診療録（カルテ）管理要覧』アサヒ電子研究所、2000年

第６回診療情報管理士（診療録管理士含む）現況調査アンケート報告書、一般社団法人日本病院会、2019年12月

⑭診療情報管理（２）適切な運営管理

山本修三総監修『診療情報管理士テキスト 診療情報管理Ⅲ 専門・診療情報管理編（第２版第２刷）』社団法人 日本病院会、2004年

武部伸ほか『診療録（カルテ）管理要覧』アサヒ電子研究所、2000年

⑮診療情報管理（３）診療録の管理

山本修三総監修『診療情報管理士テキスト 診療情報管理Ⅲ 専門・診療情報管理編（第２版第２刷）』社団法人 日本病院会、2004年

武部伸ほか『診療録（カルテ）管理要覧』アサヒ電子研究所、2000年

⑯診療情報管理（４）適切なICDコーディング

山本修三総監修『診療情報管理士テキスト 診療情報管理Ⅲ 専門・診療情報管理編（第２版第２刷）』社団法人 日本病院会、2004年

DPC/PDPS傷病名コーディングテキスト、厚生労働省保険局医療課、平成26年4月
https://www.mhlw.go.jp/file/06-Seisakujouhou-12400000-Hokenkyoku/
0000044471.pdf

⑰診療情報管理（５）診療録管理体制加算

診療報酬点数早見表、医学通信社

⑱診療情報管理（６）現状分析と今後の展望

「第２回診療情報管理士の現況調査アンケート報告書」日本病院会、2008年

岩崎榮監修、星野桂子編集『診療情報の管理 第３版』医学書院、2005年

第６回診療情報管理士（診療録管理士含む）現況調査アンケート報告書、一般社団法人日本病院会、2019年12月

第２章

①物品管理（１）組織の体制整備

『病院機能評価への取り組み』日本医療機能評価機構、2003年

内藤均『病院物品管理の基礎』日本医療企画、1995年

②物品管理（２）購買管理

塩山雅英『病院管理講義要綱』国立医療・病院管理研究所、1993年

『病院機能評価への取り組み』日本医療機能評価機構、2003年

内藤均『病院物品管理の基礎』日本医療企画、1995年

③物品管理（３）在庫管理

塩山雅英『病院管理講義要綱』国立医療・病院管理研究所、1993年

『病院機能評価への取り組み』日本医療機能評価機構、2003年

内藤均『病院物品管理の基礎』日本医療企画、1995年

長谷川敏彦『病院経営戦略』医学書院、2002年

④物品管理（４）ABC分析

塩山雅英『病院管理講義要綱』国立医療・病院管理研究所、1993年

内藤均『病院物品管理の基礎』日本医療企画、1995年

長谷川敏彦『病院経営戦略』医学書院、2002年

⑤物品管理（５）物品に関する統計指標

高田幸男『よくわかる病院会計の勘定科目』中央法規出版、2005年

内藤均『病院物品管理の基礎』日本医療企画、1995年

『平成20年病院経営実態調査報告』全国公私病院連盟、2009年

⑥施設・設備管理（１）組織の体制整備

「診療の用に供するガス整備の保全管理について（健政発第410号）」厚生労働省、2003年

「レジオネラ症を予防するために必要な措置に関する技術上の指針（厚生労働省告示264号）」厚生労働省、2003年

「FM業務の基本的な考え方」高知医療ピーエフアイ株式会社HP

⑦施設・設備管理（２）病院情報システム

大井利夫ほか『診療情報管理士テキスト 診療情報管理Ⅲ 専門・診療情報管理編』社団法人 日本病院会、2007年

山内一信ほか『医療情報 医療情報システム編』日本医療情報学会、2007年

⑧施設・設備管理（３）サイバーセキュリティ対策

医療情報システムの安全管理に関するガイドライン（第5版）、厚生労働省、平成29年5月
https://www.mhlw.go.jp/file/05-Shingikai-12601000-Seisakutoukatsukan-

Sanjikanshitsu_Shakaihoshoutantou/0000166260.pdf

付表：一般管理における運用管理の実施項目例
https://www.mhlw.go.jp/file/05-Shingikai-12601000-Seisakutoukatsukan-Sanjikanshitsu_Shakaihoshoutantou/0000166263.pdf

医療機関等におけるサイバーセキュリティ対策の強化について（平成30年10月29日厚生労働省医政局総務課長・地域医療計画課長・研究開発振興課長連名通知）
https://www.pref.iwate.jp/kurashikankyou/iryou/seido/1002990/1016523.html

院内掲示用
https://www.pref.iwate.jp/_res/projects/default_project/_page_/001/016/523/20181126_saiba-posuta-.pdf

医療セプターの活動について、日本医師会定例記者会見、平成30年9月19日
http://dl.med.or.jp/dl-med/teireikaiken/20180919_2.pdf

⑨施設・設備管理（３）SPDシステム

「第2回 医療機器の流通改善に関する懇談会」内資料「SPDについて」厚生労働省、2009年

⑩施設・設備管理（５）IoT物品管理

黒田知宏、IoT時代の医療安全について考える〜先行する産業の動きを範として〜、月刊新医療、2020年5月号第47巻第5号、株式会社エム・イー振興協会

総務省ICTスキル総合習得教材、https://www.soumu.go.jp/ict_skill/pdf/ict_skill_1_1.pdf

三津村直貴、60分でわかる！AI医療＆ヘルスケア最前線、株式会社技術評論社、2019

総務省、第2回「医療分野におけるICTの利活用に関する検討会」議事要旨、資料2-4「RFID技術とその応用」
https://www.soumu.go.jp/main_sosiki/joho_tsusin/policyreports/chousa/iryou_ict/051215_2.html

⑪施設・設備管理（６）地域医療連携推進法人等を踏まえた共同購入

地域医療連携推進法人について、厚生労働省医政局長、平成29年2月17日
https://www.mhlw.go.jp/file/06-Seisakujouhou-10800000-Iseikyoku/0000152059.pdf

地域医療連携推進法人尾三会、医療連携推進方針、http://bisankai.or.jp/facility.html

日本海ヘルスケアネット、医療連携推進方針、https://nihonkai-healthcare.net/

医薬品の効率的かつ有効・安全な使用について、厚生労働省、中医協　総-4-1、令和元年6月26日
https://www.mhlw.go.jp/content/12404000/000522373.pdf

⑫施設・設備管理（７）医療トレーサビリティ

医療トレーサビリティ推進協議会HP（https://jmtpc.jp/）

第3回医薬製品識別とトレーサビリティ推進協議会、平成29年11月30日
http://www.jfmda.gr.jp/wp-content/uploads/2018/01/21f342e96e3d04f74fbd5f4718f06911.pdf

平成28年度医療トレーサビリティの提言書－患者の健康・安全・安心に向けた医療トレーサビリティの確立－、JUMP病院・薬局医療トレーサビリティWG、2017.6.22
https://www.spdjapan.org/files/20170622_02-03.pdf

メーカーから医療現場まで、トレーサビリティの未来とGS1標準、美代賢吾、国立国際医療研究センター、2019.5
https://www.dsri.jp/gshealth/disclosure/pdf/case/%E6%B5%81%E9%80%9A%E3%81%A8%E3%82%B7%E3%82%B9%E3%83%86%E3%83%A0176%E5%8F%B7_%E5%9B%BD%E7%AB%8B%E5%9B%BD%E9%9A%9B.pdf

⑬施設・設備管理（４）病院の保安体制

「医療機関における安全管理体制について（院内で発生する乳児連れ去りや盗難等の被害及び職員への暴力被害への取り組みに関して）（医政総発第0925001号）」厚生労働省、2006年

⑭施設・設備管理（９）災害時における物品・物流管理

病院におけるBCPの考え方に基づいた災害対策マニュアルについて、厚生労働省医政局、平成25年9月4日
https://www.mhlw.go.jp/file/06-Seisakujouhou-10800000-Iseikyoku/0000089048.pdf

災害時における初期救急医療体制の充実強化について、厚生省健康政策局、平成8年5月10日、健政発第451号、第1回災害医療等のあり方に関する検討会　参考資料1
https://www.mhlw.go.jp/stf/shingi/2r9852000001j51m-att/2r9852000001j5gi.pdf#

災害拠点病院、独立行政法人労働者健康安全機構
https://www.johas.go.jp/shinryo/tabid/372/Default.aspx

災害医療、厚生労働省
https://www.mhlw.go.jp/seisakunitsuite/bunya/kenkou_iryou/iryou/saigai_iryou/index.html

⑮施設・設備管理（５）廃棄物処理

「廃棄物処理法に基づく感染性廃棄物処理マニュアル」環境省、2009年

パンフレット「廃棄物　医療機関には、排出事業者としての責任があります」日本医師会、2008年

⑯**業務委託（1）業務委託の概要**

「病院機能評価総合版 評価項目解説集」日本医療機能評価機構、2009年

「医療関連サービス実態調査報告書（平成18年度版）」医療関連サービス振興会、2007年

「病院管理の手引」東京都福祉保健局医療政策部医療安全課、2009年

財団法人 医療関連サービス振興会HP（http://www.ikss.net/about/index.html）

⑰**業務委託（2）業務委託の適切な管理**

「病院機能評価総合版 評価項目解説集」日本医療機能評価機構、2009年

長谷川敏彦『病院経営戦略』医学書院、2002年

⑱**業務委託（3）委託契約における留意事項**

「病院管理の手引」東京都福祉保健局医療政策部医療安全課、2009年

財団法人 医療関連サービス振興会HP（http://www.ikss.net/about/index.html）

「医療・介護関係事業者における個人情報の適切な取扱いのためのガイドライン」厚生労働省、2004年

⑲**業務委託（4）業務委託の状況**

「医療関連サービス実態調査報告書（平成30年度版）」医療関連サービス振興会、2019年

財団法人 医療関連サービス振興会HP（http://www.ikss.net/about/index.html）

黒田知宏、IoT時代の医療安全について考える〜先行する産業の動きを範として〜、月刊新医療、2020年5月号第47巻第5号、株式会社エム・イー振興協会

索　引

［数字・アルファベット］

［あ］

［い］

［う］

［え］

［か］

［き］

編著者紹介

山本　康弘（やまもと・やすひろ）

（監修、第1章第1節～第12節、第17節、第18節、第2章第1
節～第5節、第8節、第10節～第12節、第14節、第16節～
第19節）
1960年生まれ。国際医療福祉大学大学院医療福祉学研究科 博士
課程修了。博士（医療福祉経営学）。国立病院および民間病院など官
民2つの経営主体による病院実務経験を有する。
現　　　職／国際医療福祉大学 医療福祉・マネジメント学科副学科長
　　　　　　教授
資　　　格／診療情報管理士指導者、診療情報管理士、医療情報技師
専門領域／病院管理学、医療経営学
栃木県県北健康福祉センター協議会委員
日本医療経営学会理事（総務担当）
日本医療・病院管理学会評議員
日本診療情報管理学会評議員
日本診療情報管理士会評議員

降旗　光太郎（ふりはた・こうたろう）

（第1章第13節～第16節、第2章第6節、第7節、第9節、第
13節、第15節）
1970年生まれ。大阪外国語大学在学中に記号論を専攻し、以来、
「社会学的事象の情報記号論的視座からの分析」を試みている。放送
大学院 総合文化プログラム分化情報科学群修了。修士（学術）。
2000年から公立病院にて診療情報管理士として従事。国際医療
福祉大学 医療福祉・マネジメント学科講師を経て、2017年より
現職。
現　　　職／淑徳大学短期大学部准教授
資　　　格／診療情報管理士、医療情報技師
専門領域／診療情報管理論など
日本医療マネジメント学会「医師事務作業補助者プロジェクトチー
ム」構成員

NOTE

NOTE

医療経営士●中級【一般講座】テキスト7[第2版]

事務管理／物品管理——コスト意識を持っているか？

2020年7月27日　第2版第1刷発行

編　　　著　山本　康弘
発　行　人　林　　諄
発　行　所　株式会社 日本医療企画
　　　　　　〒104-0032　東京都中央区八丁堀 3-20-5　S-GATE八丁堀
　　　　　　TEL 03-3553-2861（代）　http://www.jmp.co.jp
　　　　　　「医療経営士」専用ページ　http://www.jmp.co.jp/mm/
印　刷　所　図書印刷 株式会社

『医療経営士テキストシリーズ』全40巻

初 級・全8巻

中 級［一般講座］・全10巻

中 級［専門講座］・全9巻

上 級・全13巻

※タイトル等は一部予告なく変更する可能性がございます。